KB134337

사원이 10명뿐인데 왜 소통이 안 되는 걸까

세계 일류 소기업 'Komy'의 배려 경영 이야기

발 행 일 2012년 1월 30일 초판 1쇄 발행
편 자 닛케이 톱리더
역 자 김 은 숙
발 행 인 이 호 욱
발 행 처 한국표준협회미디어
출판등록 2004년 12월 23일(제2009-26호)
주 소 서울시 금천구 가산동 371-50 에이스하이엔드 3차 1107호
전 화 02-2624-0362
팩 스 02-2624-0369
홈페이지 http://www.ksamedia.co.kr

ISBN 978-89-92264-35-8 93320
값 12,000원

세계 일류 소기업 'Komy'의 배려 경영 이야기

사원이 10명뿐인데 왜 소통이 안 되는 걸까

닛케이 톱리더 엮음 | 김은숙 옮김

한국표준협회미디어

시작하며

세상은 오해로 가득 차 있다.

'규모가 큰 조직일수록 소통이 어렵고 작을수록 소통이 잘 된다.' 의문이 끼어들 여지가 없는 듯한 이 정설에 이 책은 이의를 제기한다.

과연 사람이 많을수록 조직을 하나로 묶는 것이 어렵다는 말은 진실일까. 정해진 틀 안에서 움직일 수밖에 없는 큰 조직이 실은 소통이 잘 되는 것은 아닐까. 오히려 작은 조직이 서로의 거리감은 가깝다고 해도 소통이 어려운 것이 아닐까.

그에 대해 어렴풋이 눈치 챈 사람은 있어도, 왜 작은 조직에서 소통이 어려운지의 원인을 분석한 사례는 없었다. 실제로 조직 매니지먼트 관련 서적은 산을 이룰 만큼 많이 출판되고 있으나 그 대부분은 비교적 큰 조직을 다루고 있다. 또 여기서 '이 시스템은 작은 조직에도 충분히 적용될 수 있다'라는 작은 기업의 소통 문제를 간과해 왔다.

이 책은 사원 10명, 20명의 작은 조직에서의 특별한 문제점과 그 해법에 대해 상세히 파고들었다. 그 모델 사례는 세계 유수의 거울 제조

사인 고미Komy. 이 회사의 고미야마 사카에小宮山 栄 사장의 머릿속에 숨겨져 있던 조직론을 풀어놓으면서 고미 사내에서 날마다 실천 중인 사례들을 정리하였다.

내용은 오너 경영자를 위한 월간지인 《닛케이日経 톱리더》에서 큰 호평을 받았던 특집 기사를 바탕으로 작성하였으나, 방문할 때마다 끊임없이 새로운 과제에 도전하고 있는 고미를 보면서 다수의 보충 설명을 더했다.

일본 기업의 국제 경쟁력 저하가 우려되고 있는 요즈음, 조직력 향상에 대한 중요성은 날로 커지고 있다. 오감五感을 갈고 닦아 고객이 원하는 것이 무엇인가를 철저하게 파헤쳐, 그 사실을 조직에서 널리 공유할 수 있다면 그렇게 어두운 것도 아니다. 그를 위해서는 암묵적 동의가 아닌 모든 일을 낱낱이 공개하여 서로를 알아가는 작업을 날마다 되풀이해야 한다. 그렇게 함으로써 조직에 떠도는 오해가 해소되어 전 사원이 일심동체를 이룰 수 있다. 고미가 바로 그러한 조직이다.

이 책은 주로 중소기업 경영자를 위한 것이지만 그 정수精髓는 이미 널리 통용되고 있다. 예를 들어 소규모의 학교나 병원을 운영하는 관리자, 또는 소속 부서의 운영에 골머리를 썩고 있는 대기업 관리직에게도 도움이 되는 내용으로 짜여 있다.

'어떻게 하면 서로 원활히 소통할 수 있을까?' 라는 주제는 어느 조직에나 늘 따라다니기 마련이다. 이러한 골칫거리를 한 방에 해결하는 고미의 비법인 '소인원 매니지먼트' 를 여기에 소개한다.

CONTENTS

시간이 지나도 소통된다

'스토리화'로 추체험追體驗

■ 이야기 시리즈

❖고미야마 사장의 교훈

7장

'왜?' 라고 물으면

사람들은 왜 성장하는가

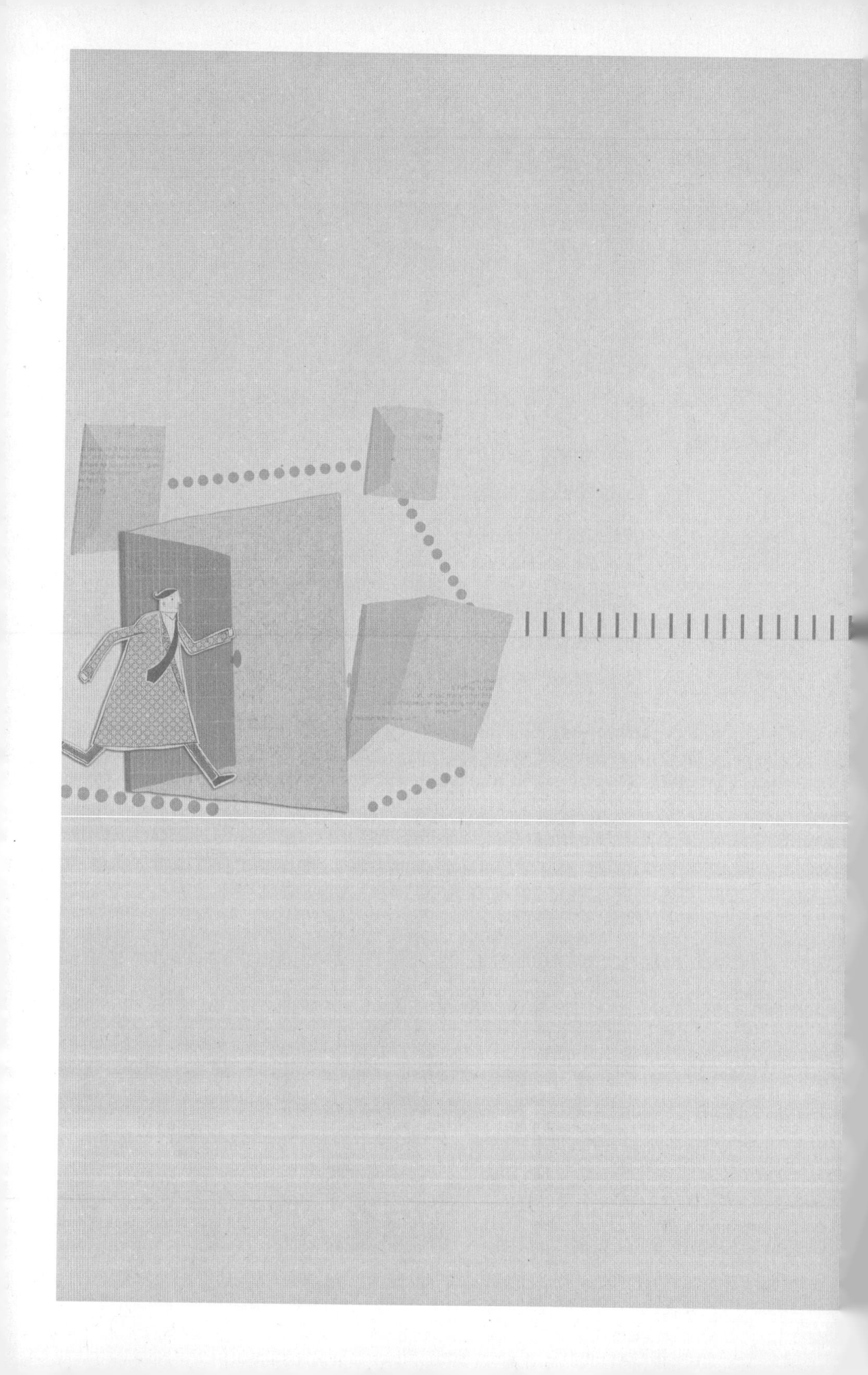

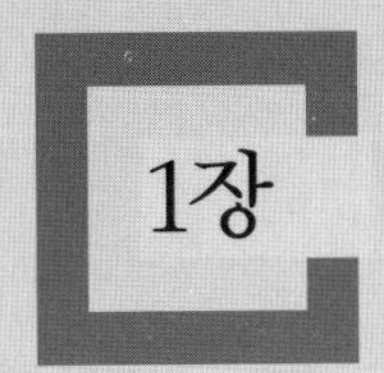

거리에 넘쳐나는 '거울'을 생산하는 곳

사원 16명의 세계 유수 기업

'에어버스 A380'을 들어본 적이 있을 것이다.
세계 최초의 2층 구조로 800명까지 승객을 실어 나를 수 있는 세계 최대의 여객기. 2007년 10월 싱가포르 항공의 첫 취항이 전 세계적으로 널리 전파를 탔다. 'A380'은 일본에서도 20개 기업이 참여한 대형 프로젝트로 참가 기업으로는 미쓰비시三菱중공업, 도레이東レ, 요코가와横河전기 등 쟁쟁한 대기업들이 이름을 올리고 있다.
그중에는 생소한 이름이 하나 들어 있다. '수하물 보관함 거울'로 명성을 날리고 있는 '고미'가 그것이다. 주물로 유명한 사이타마 현 가와구치 시에 위치한 거울 업체로 매출액 약 5억 엔, 사원은 16명, 파트타임으로 일하는 직원까지 합쳐도 30명으로, 어느 기업과 비교해 보더라도 그 규모는 보잘것없이 작다.

거울이 세계의 하늘을 날다

71세의 고미야마 사카에 사장은 베어링 업체에 근무하다가 1967년에 창업하였다. 현재 가와구치에 소재한 본사 1층과 2층은 공장으로, 3층은 사무실로 사용하고 있다. 그 밖에 다른 공장도 없고 지점도 없다. 아무리 눈 씻고 둘러보아도 전형적인 소기업인데 세계적인 항공기 업체인 유럽 에어버스 사의 서플라이어팀에 당당히 이름을 올리고 있다.

고미가 납품하고 있는 것은 기내 좌석 위에 자리잡은 수하물 보관함에 설치하는 분실물용 거울. 수하물 보관함은 위치가 높아 거기에 올려놓은 물건들이 잘 보이지 않아 수하물을 잃어버리는 승객들이 적지 않았다. 이 거울을 수하물 보관함 문 안쪽에 부착하여 수하물을 내릴 때 문만 열면 발뒤꿈치를 들어 올리지 않아도 수하물 보관함에 놓고 내리는 물건은 없는지 쉽게 볼 수 있다. 모양은 평면거울이지만 특허를 획득한 독자적인 기술로 볼록거울에도 뒤지지 않는 넓은 시야 범위를 자랑한다. 그 거울은 두께도 얇고, 크기는 문고판 책만하지만 대용량의 수하물 보관함을 구석구석까지 비춘다.

'A380' 에는 고미의 거울이 표준 장비로 장착되어 있다. 즉 항공사의 뜻에 상관없이 모든 기체에 장착되어 있는 것이다. 'A380' 이외의 에어버스 사가 보유한 기체 및 미국 보잉 사의 여객기에도 채택되어 고미의 거울 12만장이 세계의 하늘을 날고 있다. 세심한 서비스로 경쟁하는 세계의 항공사들로부터 '별 5개' 의 평가를 받기 위해서는 '고미의 거울은 필수 불가결' 이라는 말까지 들을 정도이다.

영국 항공 산업 전문 조사 업체인 스카이트랙스Skytrax가 매년 발표하는 평가에서도 고미의 거울에 대한 높은 신뢰도를 확인할 수 있다. 2010년 조사에서 '별 4개' 의 평가를 받은 항공사 중 절반 이상이 고미의 수하물 보관함 거울을 사용하고 있다. 최고 등급인 '별 5개' 의 평가에 빛난 7개 사 중 무려 6개 사(아시아나 항공, 카타르 항공, 캐세이퍼시픽 항공, 하이난 항공, 말레이시아 항공, 싱가포르 항공)가 고미의 거울을 사용하고 있다.

초대형 여객기인 '에어버스 A380' 에 고미의 거울이 채택. 고미 외에는 대기업뿐이다.

하늘을 나는 기체의 최대 요건은 가벼움이다. 이 때문에 항공기 업체들은 부품, 비품의 무게에 매우 민감하다. 고미의 거울은 말 그대로 경량의 특수 플라스틱 재질(40~100g 정도)이다. 그중에서도 가장 넓은 범위의 시야를 비추는 큰 거울이 선정되고 있는데, "조금 무겁더라도 승객에게는 큰 거울이 편리하므로 자신 있게 협상에 응하고 있지요."라고 말하는 고미야마 사장. 사원 16명의 소기업이 세계적인 대기업과 대등하게 협상하고 있는 것이다.

매일 어딘가에서 당신을 비추고 있다

항공기용 거울은 고미가 제작하는 제품 가운데 극히 일부에 지나지 않는다.

엘리베이터 출입문 부근에 붙어 있는 작은 평면거울을 본 적이 있을 것이다. 엘리베이터 안에서 승하강 버튼을 조작하는 사람이 혹시 또 타는 사람이 없는지를 확인하기 위한 것이다. 그 거울도 대부분이 고미 제품이다. 거울이 없으면 문 밖으로 고개를 내밀고 이리저리 살펴보아야 한다. 그러나 고미의 거울 덕분에 그런 귀찮은 동작이 불필요하며 엘리베이터를 타려고 하는 사람을 태우지 못하거나 문에 끼는 사고도 방지할 수 있게 되었다.

고미의 거울은 공장이나 창고에서도 맹활약 중이다. 운반용 수레나 지게차가 정신 없이 왕래하는 현장에서의 충돌을 방지하기 위해 모퉁이에서 일시 정지나 서행을 의무화하고 있는 현장도 많으나, 천장이나 벽에 고미의 거울을 설치하면 안전을 손쉽게 확인할 수 있어 작업 효율이 향상된다. 고미의 안전 확인용 거울은 철도의 역사驛舍 등과 같은 공공 장소, 쇼핑 센터와 스포츠 클럽 등 많은 사람들이 모이는 시설에서도 쉽게 볼 수 있다. 최근에는 병원에서도 환자나 임산부, 직원들의 충돌 사고를 막기 위해 안전 거울을 채택하는 덕분에 고미의 거울은 인기 상종가를 달리고 있다.

또한 편의점이나 슈퍼마켓 등 매장의 천장이나 벽에 설치된 거울도 대부분 고미 제품이다. 상품 진열장의 반대쪽을 비추어 도난 방지에 도움을 주고, 은행의 ATM(현금 자동 입출금기)에 설치하여 훔쳐 보기를 방지하는 '후방 확인 거울' 에도 고미 제품이 사용되고 있다. 이렇게 고미의 제품은 세계의 하늘뿐만 아니라 육지에서도 그 기능을 뽐내고 있다.

타깃은 사각死角

'고미' 라는 상호는 몰라도 매일의 일상생활 속 어디에서나 한 번쯤은 보고 있다고 해도 과언이 아닐 정도로 고미의 거울은 도처에 넘쳐흐른다.

제품은 주력 상품만 헤아려도 50종을 웃돈다. 크기에 따른 제품과 특별 주문품까지 합치면 300종이 넘는 거울을 생산하고 있다. 가정용 거울은 일체 제작하지 않는다. 고미의 타깃은 어디까지나 곳곳에 존재하는 사각이다.

고미에서는 자사 상품을 '배려 거울'이라고 표현하고 있다. 불모지나 다름없던 시장을 직접 개척하여 철저하고 광범위하게 경작해 왔다. 경쟁사도 출현하고 있으나 방범 및 충돌 방지용에만 국한하면 고미의 일본 국내 점유율은 80%에 달한다. 거의 독점 상태이다. 세계로 눈을 넓혀도 사업 분야가 겹치는 업체가 없다. '안심' '배려'라는 자못 일본인다운 상품으로 특화시킨 유일무이한 거울 업체인 셈이다.

지금까지는 영업과 A/S에 힘을 쏟기 어렵다는 이유로 항공기용 이외의 제품 수출은 자제해 왔으나, 최근에는 해외 고객들의 문의도 급증하고 있어 본격적으로 세계 시장의 개척에도 뛰어들 예정이다.

고미의 사원들. 가운데가 고미야마 사장

커뮤니케이션은 경영의 대명제

고작 해야 사원 16명의 소기업인 고미가 어떻게 세계를 무대로 시장을 개척할 수 있었을까. 그 경쟁력의 원천은 소통의 밀도에 있다.

사람과 사람이 대화를 나누는 행위는 커뮤니케이션의 입구에 지나지 않는다. 대화의 뜻이 서로 통했을 때 비로소 커뮤니케이션은 성립한다. 예를 들어 부하와 얘기를 하는데 도통 말귀를 못 알아듣거나, 동료와 토론을 해도 언제나 의견이 충돌하는 등의 경우는 말의 교환은 존재하나 커뮤니케이션은 없다. 이는 서로 소통하지 못하고 있는 것이다.

가장 스스럼없다는 부부 사이에서조차 커뮤니케이션은 쉽지 않다. 1:1 관계에서도 그러한데 하물며 많은 사람들이 모이는 조직에서 타인과의 소통이 더 어려운 것은 당연지사다. 어떻게 하면 조직이 일심동체가 될 수 있을까. 이 문제는 동서고금의 모든 경영자에게 있어 언제나 고민거리였다.

교세라京セラ의 창업자로 현재 일본항공의 회장을 맡아 재건을 진두지휘하고 있는 이나모리 가즈오稲盛 和夫는 '노미니케이션'*을 중시한다. 경영자와 사원, 동료 사원끼리 돈독한 신뢰 관계를 구축하기 위해 '미팅' 이라고 하는 회식을 실시한다. 《고수익 기업을 만드는 방법》(일본경제신문출판사)에서 이나모리 회장은 그 목적을 이처럼 설명하고 있다.

---

* 노미니케이션 : 일본어의 飲む(노무/ 마시다)와 커뮤니케이션의 합성어

"교세라에서는 미팅이라는 것이 직원과의 커뮤니케이션의 구심점이 되고 있지 않냐고 물으셨는데요, 그게 정답입니다.

직원들에게 교육이 있으니 모이도록 한 후 총무부장이 '자! 지금부터 사장님의 말씀이 있겠습니다' 라는 말로 시작을 해도 직원들은 언뜻 성실하게 듣는 것 같아도 한쪽 귀로는 듣고 다른 쪽 귀로 흘려 보내죠. 인간은 스스로가 마음을 열고 '맞아, 맞아!' 라고 고개를 끄덕거리지 않으면 제아무리 좋은 이야기라도 감동을 줄 수 없습니다. 저는 직원들이 솔직하게 귀를 기울일 수 있도록, 일부러 술자리를 만들어 모두가 마음을 열었을 때 말하기 시작했어요. 대화는 무겁게 가라앉은 분위기가 아니라 술을 마시면서 흥겹게 대화를 나누는 게 중요합니다."

이나모리 회장은 교세라의 성장 과정에서 '미팅' 을 효과적으로 활용해 왔다. 송년회 시즌인 12월에 들어서면 거의 매일 미팅에 나가 직원들과 대

JR 니시구치 역에서 도보 약 10분 거리에 있는 고미 본사

화를 나누었고, 가령 무리를 해서 감기로 인해 고열에 시달려도 주사를 맞으면서까지 자리를 함께 하며 술을 마셨다고 한다. 회사 전체를 작은 그룹으로 나누어 채산 관리를 실시하는 아메바 경영은 '이나모리식 경영' 의 대명사로 일컬어지는데, 논리를 따지는 시스템이 제 기능을 다하기 위해서는 이 미팅 없이는 어렵다고 판단하고 있다.

커뮤니케이션의 심화 방법은 실로 경영의 대명제이다. 일본 기업들은 '암묵적 동의' 를 바람직하다고 여겨 왔으나, 앞으로는 세계 규모의 경쟁에 휘말리게 될 만큼 보다 견고한 조직의 연결 방식을 모색해야 한다.

이와 관련한 한 조사 결과가 눈길을 끈다. '닛케이 톱리더' 에서 사원 300명 이하의 중소기업에 근무하는 200명을 대상으로 '자기 회사의 경영자' 에 대하여 물었다. 그 결과 '경영자를 높이 평가하지 않는다' 고 응답한 사람은 약 40%. 이 가운데 '당신이 높이 평가하지 않는다는 것을 경영자도 모를 것이다' 에 응답한 사람은 90%나 웃돌고 있다. 평가 받지 못하는 경영자일수록 자각 증상도 느끼지 못한다. 이는 조직이 작아도 서로 소통하는 것이 어렵다는 실례이다.

그럼에도 교세라와 같은 규모가 큰 회사에 비하면 여전히 작은 회사가 소통하기 쉬울 것이라고 생각하는 사람이 많다. 더욱이 10명 정도의 작은 조직이라면 별 노력 없이도 자연스럽게 완벽하게 소통할 수 있다고 생각하기 마련이다. 하지만 이는 얼토당토않은 오해이다. 고미의 고미야마 사장은 '오히려 작은 조직이 더 소통하지 못한다' 고 단언한다.

사실을 규명하다

사원이 고작 16명뿐인 고미는 커뮤니케이션 향상에 많은 노력을 기울여 왔다. 그러한 노력은 대기업에 견주더라도 뒤지지 않을 정도이다.

고미의 커뮤니케이션 전략은 크게 두 가지로 나눌 수 있다.

첫째는 고객과의 커뮤니케이션이다. 조직의 커뮤니케이션을 심화시키기 위한 대전제는 우선 사실을 올바르게 아는 것이다. 언쟁을 벌이고 있는 두 사람이 한 사안에 대하여 서로 다르게 이해하고 있다면 서로 화해하기가 쉽지 않다.

사실은 어떠한가, 진정한 고객은 누구인가, 고객은 정말로 자사 제품과 서비스에 만족하고 있는가 등의 진리 추구는 극히 중요하다. 고객의 목소리를 듣는 것이야말로 경영의 기본 원칙인데, 고미의 진리 파악 수준은 비범하기까지 하다. 이는 '고객과의 일심동체' 라는 표현이 적합할 것이다.

이렇게 사실을 이해한 후에 조직의 커뮤니케이션 능력을 향상시킨다. 직원 한 명 한 명의 의견을 조정하고 오해를 없애 인식을 철저하게 일치시키기 위해서 고미는 다양하면서도 독특한 장치를 도입하고 있다. 이를 통해 소인원임에도 강력한 힘을 발휘하여 결국 고미를 세계 유수의 기업으로 성장시킨 것이다.

우선 다음 장에서는 고객과의 커뮤니케이션을 살펴보도록 하자.

고미의 거울 사용 사례

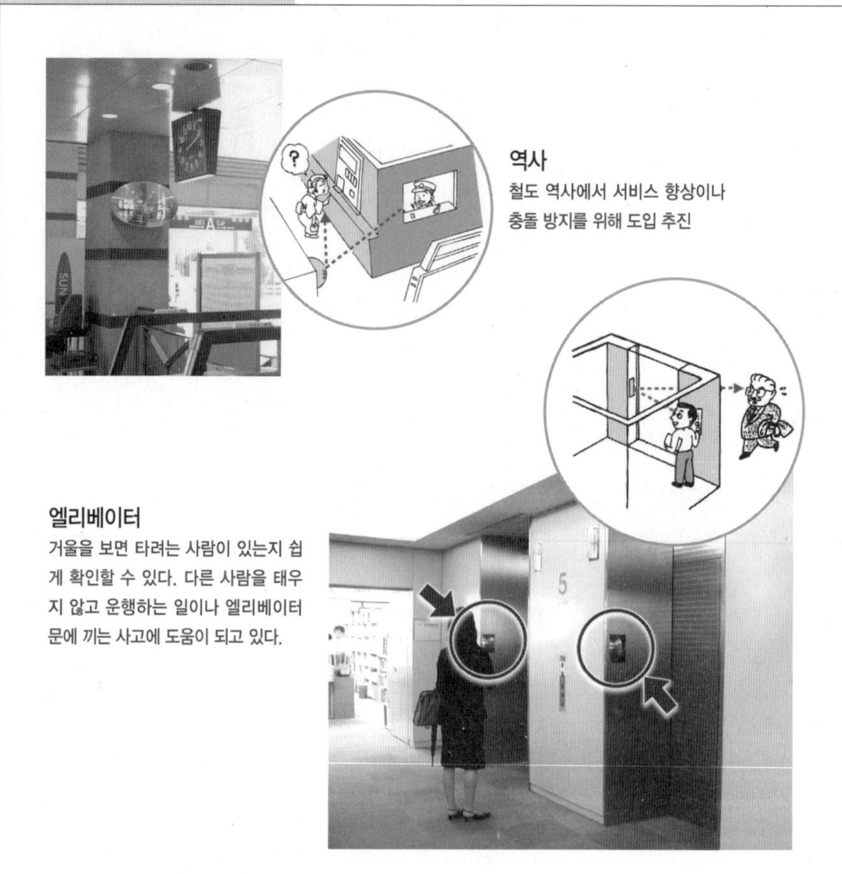

역사

철도 역사에서 서비스 향상이나 충돌 방지를 위해 도입 추진

엘리베이터

거울을 보면 타려는 사람이 있는지 쉽게 확인할 수 있다. 다른 사람을 태우지 않고 운행하는 일이나 엘리베이터 문에 끼는 사고에 도움이 되고 있다.

주차장

주차장에서 출차할 때 다른 차나 오토바이, 보행자 등과의 충돌을 방지한다.

공장

많은 화물들이 왕래하는 공장이나 창고의 천장에 설치. 모퉁이에서의 충돌을 방지한다.

ATM

은행 ATM에는 후방 확인 거울을 설치. 뒤에 수상한 사람이 없는지 돌아보지 않아도 확인할 수 있다.

항공기

기내 수하물 보관함에 소형 거울을 설치하여 분실물 방지에 도움이 되고 있다.

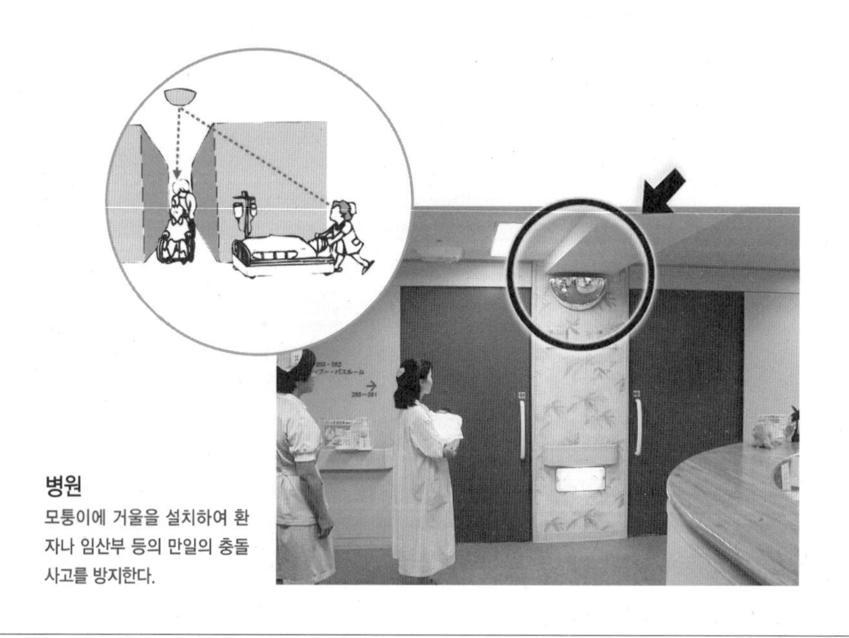

병원

모퉁이에 거울을 설치하여 환자나 임산부 등의 만일의 충돌 사고를 방지한다.

유치원이나 식품 공장

망치로 쳐도 깨지지 않는 거울을 개발. 안전성이 중요한 유치원이나 식품 공장에서 문의가 들어오고 있다

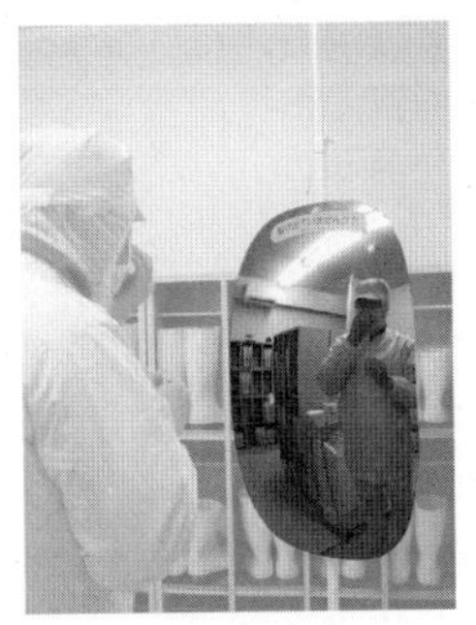

신선 식품 및 반찬 매장

주방 안에서 작업하면서도 거울을 사용해 진열장의 재고 파악을 세세히 확인할 수 있어 작업 효율의 향상, 기회 손실 방지에 기여하고 있다.

점포

편의점 등 다양한 점포에서 방범용, 접객용으로 사용되고 있다

대여도 무료, 교환도 무료

오해를 철저하게 없애다

■ 고미야마 사장의 교훈

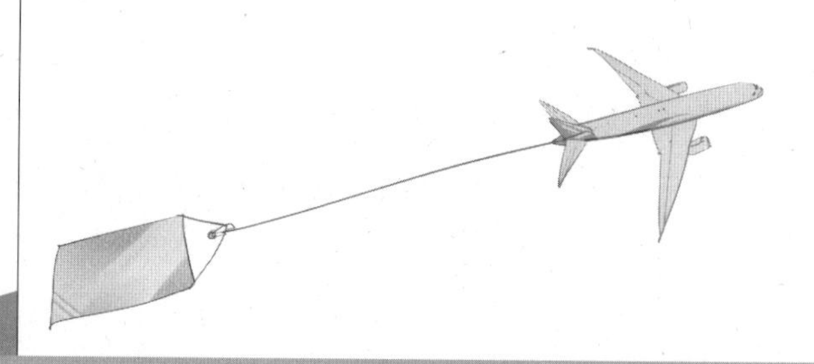

"많은 기업에서 CS(Customer Satisfaction, 고객 만족)를 추구해야 한다는 말을 하고 있습니다만, 그 말을 따랐다면 고미는 망했을 겁니다."
고미야마 사장은 진지한 얼굴로 이야기한다. 고객과 돈독한 관계를 구축하고 있는 고미가 CS를 부정하다니 도대체 어찌 된 영문일까.

CS보다 US

고미야마 사장은 말을 잇는다.

"쓸모 있는 상품을 계속해서 내놓기 위해서는 상품을 구입하는 고객보다, 상품을 실제로 사용하는 진정한 고객의 목소리에 귀를 기울이는 게 중요합니다. 그래서 고미에서는 CS가 아닌 US(User Satisfaction, 사용자 만족)를 추구해 왔습니다."

예를 들어 편의점에 설치한 경우, 일반적으로 본부의 구매 담당자나 설비 담당자가 상품을 선정하여 구입을 결정한다. 하지만 실제로 거울을 사용하는 사람은 각 편의점에서 일하는 한 사람 한 사람의 점원들이다. 비록 단순한 거울이지만 상품에 따라 시야각의 범위와 상像의 크기, 보이는 방법이 다르다. 또 설치 장소에 따라서도 진열장의 반대쪽에 사각이 남아 있다면 사용법도 바뀐다. 실제로 상품 혹은 설치 장소가 부적절한 탓에 점원이 상품 확인을 못하거나 거울을 거의 보지 못하는 사례도 있다고 한다.

또한 고미도 마찬가지인데 유저와의 사이에 대리점 등이 끼어 있는 경우도 있다. '상품 판매를 도와주는 대리점은 물론 중요하지만, 가장 중요한 것은 실제로 상품을 사용하고 있는 유저의 목소리' 라는 것이 고미야마 사장의 생각이다.

항상 고객의 목소리를 경청하면서 상품을 판매하는 것은 경영에 있어 '기본 중의 기본' 이다. 하지만 더욱 질 좋은 상품이나 서비스를 창출하기 위해 주목해야 할 고객은 오직 구입을 결정한 사람이라고 단언하기 어렵다. 바로 여기에 어떤 기업도 미처 발견하지 못한 맹점이 도사리고 있다.

구매자와 사용하는 유저는 종종 다르다. 고미는 진정한 유저를 찾아내어 유저 당사자로부터 사용성usability을 직접 듣는 과정을 꾸준히 반복해 왔다.

마치 경찰의 현장 검증처럼

유저의 사용성을 직접 확인하기 위해 고미의 영업 사원들은 거울의 설치 장소를 빈번하게 방문한다. 그리고 어떻게 사용하고 있는지, 효과적으로 기능하고 있는지, 유저를 붙잡고 귀찮을 정도로 철저하게 '청취 조사'를 실시하고 있다.

막연하게 느낌을 듣는 어설픈 조사가 아니다. '5W1H(누가 · 언제 · 어디서 · 무엇을 · 왜 · 어떻게)'의 원칙에 따라 상세히 조사한다. 그리고 현장의 모습을 사진으로 촬영하기도 하고, 필요하면 거울과 유저의 위치 관계를 기록하기 위해 현장에서 그림도 그린다. 이러한 일련의 작업은 마치 경찰의 현장 검증을 방불케 한다. 사진 촬영도 유저의 시선에서 찍은 '반사 사진', 설치 장소나 주변 상황을 알 수 있는 '상황 사진' 등 두 종류로 나누어 사용한다.

오해를 없애다

한 시설의 엘리베이터에 타려고 하는 사람을 태우지 못하거나 문에 끼는 사고를 방지하는 '엘리베이터용 거울'을 설치했을 때의 일이다. 몇 개월 후 고미의 직원이 현장 조사를 나갔다. 엘리베이터 문 앞에 서서 내려오는 사람들에게 "엘리베이터의 거울이 도움이 되십니까?"라고 물은 결과 "거울이 있는 것은 알고 있었지만 별로 사용해 본 적이 없었다."라는 대답이 있었으며, 그중에는 "당신이 지금 말하기 전까지는 거울의 존재조차 몰랐다."라고 고개를 갸우뚱하는 사람까지 있었다.

"이 거울을 보시면 같이 타려는 사람이 있는지 없는지를 엘리베이터 안에서 쉽게 알 수 있습니다."라고 고미의 직원이 설명하고 실제로 이용자에게 사용법을 가르쳐 주자 "아~! 이렇게 보는 거군요, 그거 편리한데요."라고 그제서야 고개를 끄덕거렸다.

고미의 영업 사원은 '5W1H'의 원칙 아래 현장을 조사

Who(누가)	편의점의 계산대 점원이
When(언제)	플로어 담당 점원이 고객 대응에 바쁠 때
Where(어디서)	계산대에서 자리를 뜨지 않고
What(무엇을)	다른 손님을
Why(왜)	살피기 위해
How(어떻게)	거울을 사용해 진열장과 기둥의 사각 지대를 살펴본다.

'엘리베이터에 설치만 해 놓으면 별도의 설명 없이도 사용법을 모든 사람이 알 수 있겠지' 라는 오해에 빠져 있었다는 사실을 깨달은 고미는 '목적 표시 스티커' 를 고안하였다. 사용법을 명시한 이 스티커를 엘리베이터에 부착한 후 얼마 후 다시 현장 조사를 나가 보니 많은 사람들이 거울을 활용하고 있었다.

이러한 현장 조사를 구매자의 시설 관리팀에서 의뢰한 적은 아직 한 번도 없다. 고미가 독자적으로 유저의 목소리를 청취하여 자사 상품의 올바른 사용을 위해 발로 뛴 것이다.

매직미러와 오해

상품의 기능이 떨어져서가 아니라 생산자가 원인이 되어 어떤 식으로 사용하는지를 몰랐던 실패 사례는 그 밖에도 많다.

ATM의 후방 확인용 거울을 한 시중 은행에 시험 도입했을 때 고미의 직원이 실제로 도움이 되고 있는지를 알고 싶었다. 그것을 설치한 은행도 효과를 확인하기 위해 한 지점이 협력해 주었다.

설문 조사서를 작성하여 지점장이 직접 한 장 한 장 이용자에게 배부한 결과 '왜 설치했는지 모르겠다', '매직미러라고 해서 CCTV처럼 거울 뒤에서 얼굴을 찍는 것인 줄 알았다' 며 고미가 미처 생각하지도 못한 오해를 품고 있는 사람도 있었다. 그래서 거울에 '후방 확인 거울' 이라고 보기 쉽게 인쇄를 해 넣었다.

이용자들로부터는 "그 전에는 종종 뒤를 돌아보며 뒷사람을 의식하면서 기기를 조작했는데, 이제는 앞에 붙어 있는 거울을 보면 수상한 사람이 훔쳐 보는지를 알 수 있어 안심하고 현금을 인출하게 되었다."라는 호평을 얻고 있다. 그 후 거울의 유용성이 다른 은행에도 퍼져 대량 주문이 쇄도하였다.

사용자의 시선에 맞춰 사용법을 알기 쉽게 명기하고 있다.

US를 축적하여 스테디 셀러 상품을 탄생시키다

유저는 생산자가 상상도 못한 것을 찾아내는 눈을 가지고 있다. 그래서 고미는 납품 후에도 생산자와 사용자 사이에 껄끄러운 오해가 없는지를 철저하게 조사하여 설령 한 명의 유저가 사소하게 느끼는 미흡한 점이 있다고 하더라도 그 해결에 전력을 다해 왔다.

고미에는 10년 이상 인기를 누리는 스테디 셀러 상품이 많은데, 그것은 사용 현장을 방문해 고객의 소리를 듣고 꾸준히 상품의 불만을 개선한 'US의 결정체' 라고 할 수 있다.

눈앞의 매출에만 연연해 할 것인가, 아니면 유저 만족을 우선할 것인가. 고미는 분명 후자임이 확실하다. "상품이 잘 팔린다고 마냥 기뻐할 일은 아닙니다. '잘 팔린다' 고 자만한 채 그 이면에 숨어 있는 유저의 불만을 외면한다면, 어느 때인가 상품은 시장에서 반드시 퇴출당하고 맙니다." 고미야마 사장은 그렇게 단언한다.

무료 대여 제도로 사용성을 확인하다

'고객에게 도움이 되는 상품만을 팔겠다' 는 고미의 사고방식은 '무료 대여 제도' 까지 만들어 버렸다. 고미에 주문 전화를 넣으면 수화기 너머로 용도와 설치 장소, 공간의 크기와 천장 높이 등 사용 현장의 정보를 자세하게 묻고 적합한 거울을 제안한다. 그 다음 제안한 상품을 무료로 약 2주간 대여하여 실제로 현장에서의 사용 효과를 확인한 후 구입을 판단하도록 유도한다.

"집요할 정도로 현장 실정에 대해 질문을 하기 때문에 짜증을 내시는 분도 더러 계시지요. 더더구나 '우선은 무료로 대여해 드릴 테니 시험해 보시고 유용하시면 구매해 주십시오' 라고 할 정도이니까요. 처음 주문하신 고객은 '아니, 뭐 이런 데가 다 있어?' 하고 의아해 하시지요. 저희들이 억지로 상품을 팔려고 하지 않는 것이 이상하다는 것입니다." 도쿠나가 무사시德永 武史 영업부장이 쓴웃음을 짓는다.

대량 주문이 들어오면, 불안

"또 대량 주문이 들어오면 직원들이 현장을 방문하게 되는데, '그렇게 많은 상품들이 쓸모가 없다고 한다면…' 하는 생각에 공연히 불안해집니다."라고 영업 담당자인 마치다 가쓰미町田 勝美는 말한다. 대량 주문이 들어오면 기쁘기보다 불안감이 앞선다는 회사가 신기하기만 하다.

얼마 전 다실茶室에서 충돌 방지용 거울을 사용하고 싶다고 전화로 30장의 주문을 받은 적이 있다. '아니, 다실에서 도대체 어디에 30장이나 쓰려는 것일까?' 라고 마치다 영업 담당자가 궁금히 여겨 현장을 찾아가 보니 '다실' 이라고 부르는 탕비실이었다. 이 회사는 오래된 습관으로 탕비실을 '다실' 이라고 불렀던 것이다. 탕비실에서 뜨거운 차를 가지고 나오는 사람이 복도를 걸어가는 사람과 부딪치지 않도록 탕비실 15군데의 출구에 거울을 설치하고 싶다는 요청이었다.

유저는 출구의 양쪽에 거울을 설치할 계획이었는데, 그렇게 설치하면 차를 얹은 쟁반을 든 채로 고개를 양쪽으로 돌려야 했다. 그래서 마치다 담당자는 출구 정면의 복도 벽에 한 장으로 좌우를 확인 가능한 시야각이 넓은 거울을 제안하였다. 거울을 진행 방향에 설치함으로써 자연스럽게 좌우에서 걸어오는 사람이 눈에 들어오도록 만들었다.

유저의 현장을 직접 보고 최적의 거울을 제공한 사례는 너무 많아 일일이 열거할 수 없을 정도이다. 게다가 '무료 파손 보증 제도' 까지 두고 있다. 고미의 카탈로그나 홈페이지에는 다음과 같이 명시되어 있다.

유저의 '고객 만족 제일주의'

❶ 상품의 구입 결정자(고객)가 반드시 상품의 실제 사용자(유저)는 아니다.

↓

❷ 상품이 아무리 잘 팔려도 고객이 만족하지 않으면 상품은 퇴출되고 만다.

↓

❸ 그러므로 '현장 조사' 와 '무료 대여' 를 실시한다.

↓

❹ 급하면 돌아가라. 수고는 들지만 신뢰를 확보한다면 다음 상품 판매로 이어진다.

'만일 고객의 실수로 파손된 경우에도 무료로 교환해 드리고 있습니다. 가령 10년 전에 구입한 것으로, 거울을 옮겨 설치하다가 떨어뜨려 깨져 버린 경우 등……'

고객 실수로 깨뜨려도 무료 교환

가전제품이나 PC와 같이 보증 기간 내에 한하여 무상 수리해 주는 기업은 있지만 고미는 그 기간이 무제한이다. 게다가 상품에 결함이 없고 고객 실수로 깨뜨린 경우에도 교환해 주는 이례적인 원칙을 내놓고 있다. "깨진 상품을 사용할 경우 그 점포는 물론이거니와 고미의 이미지도 함께 실추되어 버리죠." 고미야마 사장은 '무료 파손 보증 제도' 의 목적을 그렇게 설명한다.

그러나 고미의 볼록거울은 유리의 약 30배에 달하는 강도를 지닌 아크릴 재질로 일단 깨지지 않는다. 실제로는 다른 이유가 더 크다. 고객이 어떻게 잘못 사용했길래 깨졌는지를 파악하고 싶은 것이 고미의 속마음이다. 혹시 고미가 예상하지 못한 식으로 사용하고 있었을 지도 모른다. 유저의 클레임 해소에 최선을 다하는 고미에게 그러한 정보는 결코 놓칠 수 없는 자산이다. 그래서 무료인 것이다.

일반적으로 대부분의 경영자들은 '무료 대여 제도라고 해서 시험적으로 사용해 보고 필요 없다고 구입하지 않으면 우리만 손해를 볼 것이다. 또 무료 파손 보증 제도는 보기 드문 교체 수요를 스스로 놓치는 어리석은 짓이다.' 라고 비웃을 것이다.

하지만 고미의 생각은 다르다. 실은 생산자의 생각대로 제품을 완벽하게 사용하는 유저는 거의 없다고 하더라도, 유저와의 어떤 눈곱만큼의 미미한 오해라도 없애기 위해서 노력하는 것이 생산자의 의무라는 것이 고미의 사고방식이다.

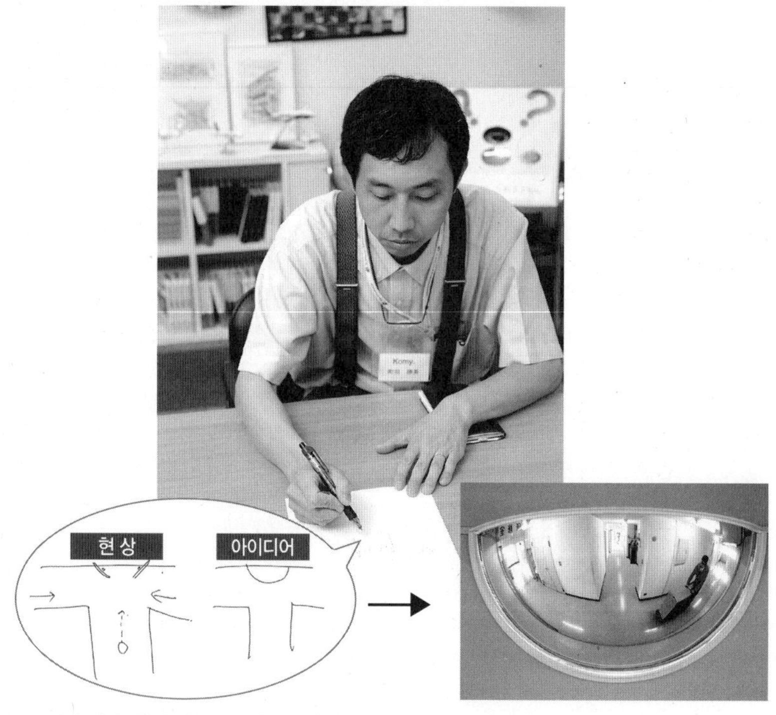

고미의 영업 사원은 현장의 상황을 정확히 이해하기 위해 습관적으로 그림을 그리고 있다.

사용법이 단순해도 오해는 생기기 마련

예를 들어 사무실에서 복합기를 구입하면 납품 시에 서비스 직원이 그 사용법을 상세히 설명해 준다. 사용법이 복잡하면서 고가인 제품은 그에 상응하는 서비스가 따라오는 법이다. 문제는 그것을 어느 수준의 상품까지 실시하는가이다.

그러한 복합기 등에 비하면 고미가 취급하는 거울의 사용법은 복잡하기는커녕 단순하기 짝이 없다. 하물며 가격은 주로 1만 ~ 4만 엔 정도이다. 거기서 나오는 수익을 감안하면 유저를 방문하는 교통비와 무료 교환 부담도 무시할 수 없다.

하지만 고미는 그런 점을 잘 알면서도 유저를 위해 최선을 다한다. 그것이야말로 긴 안목에서 보면 절대적인 신뢰를 확보하는 최고의 방법이라고 확신하고 있다.

사각을 시뮬레이션

고미의 홈페이지에는 다음과 같은 서비스까지 마련되어 있다. 주차장이나 엘리베이터에 거울을 설치하면 사각을 얼마나 없앨 수 있는지를 간단히 확인할 수 있는 '시야 시뮬레이션' 이라는 소프트웨어다.

예를 들어 주차장용을 살펴보자. 거울의 종류, 설치 장소, 공간 폭, 주차장의 출구에서 거울의 앞 끝까지의 거리, 출구에서 본 운전석까지의 거리, 거울에서 본 운전석까지의 거리 등의 데이터들을 입력하면 주차장과 차의 영상들이 움직이면서 운전석에서 보이는 각도와 보이지 않는 범위가 일목요연하게 표시된다.

상품의 선정 방법이나 사용법이 부적절해 별 도움이 되지 않았다면 애당초 구입자의 책임일지도 모른다. 하지만 도쿠나가 영업부장은 말한다.

"다시 구입할지, 아니면 더 이상 구입하지 않을지는 유저의 판단에 달려 있습니다. 예를 들어 방범용 거울을 도입한 편의점의 구매 담당자는 훗날 현장 점원에게 '저 거울, 쓸모가 있어?' 라고 묻겠죠. 그때 점원이 '아니요, 도통 쓸모가 없네요.' 라고 대답을 한다면 우리로서는 말짱 도루묵이니까요."

판매에 집착하지 않는다

홈쇼핑 등에서는 '가정의 주차장은 물론, 상점의 보안에도 사용 가능한 거울' 이라고 선전하면서 고미보다 저렴한 거울들을 판매하고 있다. 이런 거울들이 도움이 되는지의 여부는 유저의 사용법에 따라 달라진다. 그러한 판매 전략도 한 가지 방법이겠지만, 고미의 판매 전략은 정반대의 방향을 향하고 있다.

"견적 의뢰를 받지 않았는데도 유저를 찾아가 현장 실사를 하거나 거울의 사용법을 알리기 위해 스티커를 제작하는 등 타사의 영업 사원들은 상상도 못할 일에 모든 수고를 아끼지 않는 것이 바로 고미만의 스타일이죠. 물론 낭비적인 비용도 줄일 수 있고 새로운 영업처를 개척하는 시간도 벌 수가 있지요. 판매에만 집착한다면 회사의 몸집은 더 커지겠지만 그러한 발상 자체가 전혀 없어요." 도쿠나가 영업부장의 말이다.

기업 간의 경쟁이 치열하게 전개되고 있는 오늘날, 고미와 같이 한 발 한 발 천천히 전진하는 경영 스타일로는 이길 수 없다고 보는 견해도 분명 있을 것이다. 그러나 어려운 때이기에 더욱더 조바심을 내지 않고 가지고 있는 오감을 풀가동하여 유저의 마음을 헤아리는 것, 즉 마지막에 살아남는 것은 생산자와 사용자가 일심동체인 기업이다.

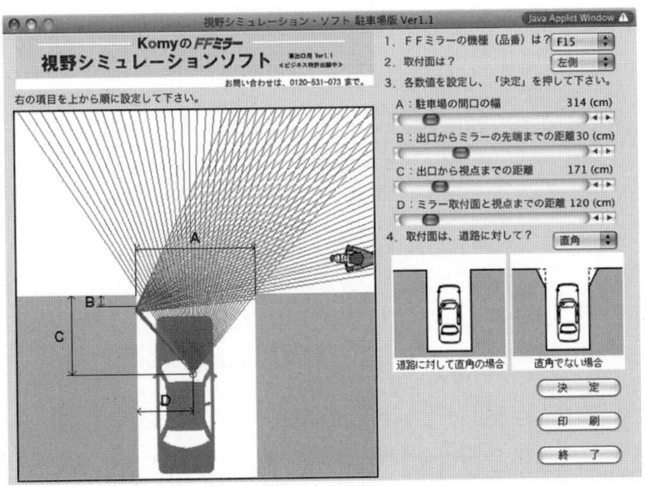

고미의 홈페이지에 있는 주차장용 시야 시뮬레이션 소프트웨어. 거울을 설치하면 얼마나 사각을 줄일 수 있는지를 일러스트로 표시한다.

발견하면 즉시 수정

고미 상품의 대부분은 설비 관련 대리점이나 시공 회사 등을 거쳐 일본 전국에 흘러 들어가고 있기 때문에, 막연히 기다리고 있다가는 개별 유저들의 소리를 듣기 어렵다. 그래서 각 상품에 '애용자 등록 카드' 를 동봉하고 있다. 유저가 '구매 이유', '설치 장소', '설치 목적' 등을 기입하여 팩스로 보내는 방법이다.

이 카드의 회수율을 올리기 위한 방법을 사내에서 여러 차례 토론한다는 것도 실로 고미답다. 문구文句는 물론, 서체는 어떤 서체로 해야 가독성이 좋은지, 어떤 색이 좋을지, 어떤 레이아웃이 좋을지, 상품에 동봉한 취급 설명서와 함께 어떤 식으로 넣어야 더 눈에 쉽게 띌지 등을, 수십 차례의 시행 착오를 거쳐 지혜를 짜내고 그 회수율이 저조하면 또 수정에 돌입한다.

카탈로그도 마찬가지이다. 고미에서는 상품별 카탈로그, 공장용·점포용 등의 시장별 카탈로그, 취급 설명서 등의 모든 인쇄물을 사내에서 직접 제작하고 있는데, 이는 유저가 보낸 카드의 내용을 몇 번이고 다시 수정하기 위해서다.

"유저들이 보낸 '좀 어렵다' 는 지적이나 '이렇게 하면 어때요?' 라는 등의 의견을 즉시 반영하고 있어요. 취급 설명서는 설치 순서 문장을 수정하거나 '실내 전용' 이라는 주의 문구가 눈에 확 띄도록 아이디어를 짜내는 등 두 달에 한 번꼴로 수정하고 있어요."(제작 담당자 노다 미유키野田 美幸)

시판 중인 스테이플러로 제본기를 직접 제작

이렇게 많은 디자인 수정이나 인쇄를 매번 외부의 디자인 회사나 인쇄 회사에 의뢰한다면 그 비용도 만만찮고 제작 일수도 엄청나게 소요될 것이다. 그래서 사내에서 페이지 디자인에서부터 제본까지 전 과정을 처리하고 있다. 제작 담당자는 정규 직원 두 명과 파트타임 직원 두 명이다. 또 손쉽게 제작하기 위해 시판 중인 스테이플러로 간편한 제본기까지 만들어 사용하고 있다.

고미야마 사장은 자신있게 말한다.

"사내에서 작성한 취급 설명서의 문구를 유저가 제대로 이해하는지를 확인하기 위해, 고객에게 직접 눈앞에서 취급 설명서대로 조립해 달라고 부탁하고 있어요. 그러면 '아, 이런 문구를 넣으면 저렇게 조립되는구나' 등을 발견할 수 있으니까요. 그것을 토대로 취급 설명서를 완성하면 되지요. 생산 현장에서 생산자끼리 아무리 얘기해 봐야 건질 게 없습니다. 아무리 기발한 아이디어라고 해도 생산자의 논리로만 끝날 뿐이죠. 그것이야말로 경영에서는 모든 악의 근원이지요."

영업 사원은 물론, 카탈로그 제작 담당자를 비롯해 회사의 어느 부문을 따로 떼어놓고 보더라도 유저를 향하고 유저 중심으로 일을 하고 있다는 것이 고미의 강점이다. 그로 인해 매출액은 저조해지고 회사의 성장 속도가 느리다는 점도 충분히 잘 알고 있다.

파트타임 사원도 유저를 방문

전 사원의 유저 방문은 고미의 '유저제일주의'를 극명하게 상징한다. 사내에서 '일제 US 방문'이라고 하는 전사 행사는 매년 1, 2회씩 실시한다. 정규 사원과 파트타임 사원이 2인 1조가 되어 한 조당 10건 정도의 기존 유저를 방문한다. 가까운 곳은 물론 군마 현, 이바라키 현 등 가와구치 시의 본사에서 멀리 떨어진 곳까지 발걸음을 옮긴다. '애용자 등록 카드'를 통해 수집한 정보는 이때 방문처를 찾을 때 도움이 된다.

사용 현장을 사진으로 촬영하거나 그림으로 그리면서 고미의 상품이 어떤 식으로 도움이 되고 있는지, 또 불만은 없는지, 세심하게 정보를 수집한다. "인사하러 도는 게 아니라 우리 직원들이 충분히 납득할 수 있을 때까지 '왜?'를 반복하라고 가르치고 있어요."라고 도쿠나가 영업부장은 강조한다.

그 결과를 오후의 스피치 시간 때 사내에서 공유한다. 고미에서는 매일 점심시간 후인 12시 50분부터 10분간 스피치 시간을 두고 있다. 화요일, 수요일, 금요일은 직원들이 돌아가면서 자유 주제를 가지고 발표한다. '일제 US 방문' 기간 중은 그 시간을 이용하여 '유저들의 의견'을 다른 직원에게 전달하고 있다.

이 '일제 US 방문'을 통해 카탈로그 제작이나 생산 현장 등에서 근무하는 탓에 외출 기회가 적은 직원이나 파트타임 사원들에게도 '유저제일주의' 를 가르치고 있다. 파트타임을 포함해 30명 정도의 소기업이라고는 하지만, 전사적으로 이 정도로 노력하는 사례는 일본 전역에서 찾아보기 힘들다.

도쿠나가 부장은 다음과 같이 말한다.

"쓸모가 있는지의 여부를 생각하는 습관을 들이는 게 US 방문의 목적이지요. 경리 담당자나 공장에서 일하는 직원이나 모든 직원이 늘 유저에게 관심을 기울인다면 자신의 업무라는 껍질에만 숨는 일도 사라집니다. 예를 들어 식품 업체라면 당연히 사내의 모든 직원이 식품의 안전을 배려하면서 근무하듯이, 철저한 유저제일주의를 고미의 사원들에게도 심어주고 싶습니다."

직원 혼자서 부품 설치에서 조립까지 셀 방식으로 생산한다.

생산 현장 사원, 파트타임 사원 모두 '일제 US 방문' 에 참가하여 늘 유저의 입장에 서서 일하고 있다.

US 방문에서 탄생한 지지봉

US 방문이 개선으로 이어진 사례도 있다. 어느 제조 담당자가 유저를 방문한 결과, 이미 사용 중인 거울과는 다른 일로 상담을 받았다.

"사무실의 화장실에서 복도로 나올 때마다 누군가와 충돌할 것 같아 불안해요. 그곳에도 거울을 설치하고 싶은데 임대 건물이어서 벽에 구멍을 뚫을 수가 없네요. 벽에 흠집이 나서 양면 테이프도 사용하지 못하겠고, 무슨 좋은 수가 없을까요?"

거울을 설치하면 벽과 천장에 흠집이 난다고 고민하는 유저가 있다. 이러한 사소한 고민이 고미로서는 굉장히 큰 문젯거리가 된다.

US 방문에서 돌아온 직원이 모두에게 그 얘기를 전하자, 재빨리 화이트보드에 사무실 상황을 그려 놓고 전 직원이 검토를 시작했다. 설치 희망 위치 가까이에 들보가 있으니 들보 사이에 설치하는 방법도 검토했으나 들보가 너무 굵어 단념했다. 갖가지 의견이 나왔지만 좀처럼 해법은 찾을 수 없었다.

검토에 검토를 거듭한 결과 시판 중인 지지봉을 천장과 바닥 사이에 설치한 다음 지지봉에 클립식 거울을 설치하자는 안이 나왔다. 유저를 다시 방문해 시험해 본 결과 "지지봉 설치는 좋은 아이디어인데, 거울이 지나치게 커 중압감이 느껴지네요."라는 대답이 돌아왔다.

그래서 다시 작은 거울을 제작하여 세 번째로 유저를 방문하였다. 그 결과 "거울 크기, 모양, 가시可視 범위는 좋은데 지지봉이 다소 흉측하네요."

라고 유저는 다른 불만을 나타냈다. 다시 사내에서 시험을 되풀이하여 천장과 바닥 사이에 설치한 긴 지지봉 대신 짧은 지지봉으로 들보와 벽을 천장과 평행하게 잇기로 했다.

그리고 네 번째 유저를 방문. "화장실 출입구에서 봤을 때 이제서야 지지봉이 들보의 그늘에 가려 보이지 않아 좋네요." 이로써 드디어 유저도 납득하는 거울을 완성했다. 네 차례에 걸친 끈질긴 방문에 고미 담당자는 유저로부터 다음과 같은 질문을 받았다.

"돈도 안 되는데 왜 몇 번씩이나 온 거에요?"

유저들이 의아해 하는 것도 당연했다.

현재 사용 중인 거울에 아무런 불만이 없는데도 고미의 사원이 '사용하기 편리하냐며' 찾아왔었고, 그때 유저가 무심코 '이런 게 있으면 좋겠다'고 꺼낸 말이었는데 그로부터 세 차례나 시험 제작품을 들고 방문했다. 그렇다고 고생 끝에 완성한 제품을 따로 판매하는 것도 아니다.

"실제로 고민 중인 유저에게 만족을 주는 게 가장 중요하기 때문이죠. 그를 위해 방문하는 것이 신개발의 힌트가 되기도 합니다." 고미의 담당자가 이렇게 대답하자 유저는 감탄을 하며 "고맙습니다."라고 고개를 숙였다고 한다.

설령 유저 한 사람의 의견이라도 소수 의견으로 치부하지 않고 시간을 들여 토론하는 것이 고미의 문화이다. 대부분의 회사라면 '그런 목소리는 소수파', '수요가 더 커지면 대응하자' 등으로 무시했을 것이다. 하지만 고미는 단 한 명의 의견이기에 오히려 더 중시한다. 이러한 문제는 아직 표면화되지 않았을 뿐 유저와 고미 사이에 큰 오해가 도사리고 있을지도 모른다는 유저에의 배려이기 때문이다.

지지봉을 수평으로 전개

이 지지봉에 대한 문제도 처음에는 유저 한 명의 의견에 지나지 않았으나 그 후 다양한 곳에 활용되고 있다고 한다.

어느 요양 시설에서는 깊숙이 들어앉은 식당에서 거실의 치매 환자들을 돌보고 싶었으나, 식당 상부의 들보가 방해가 되어 거울을 설치할 수 없었다. 그래서 지지봉의 설치를 제안하였다.

또 어느 식품 공장에서는 이물질 혼입을 막기 위해 입구에 거울을 설치하여 전신을 검사하자는 의견이 나왔으나, 벽의 신발장과 소지품 보관 선반 때문에 거울의 설치 장소에 애를 먹고 있었다. 그래서 지지봉을 사용해 벽 가장자리의 공간을 확보하면서 거울도 사용할 수 있도록 설치하였다.

"이 지지봉 한 건에서 거울의 설치와 이설移設 과제가 도출되었습니다. 또 물로 벗겨지는 양면 테이프를 사용하거나 자석으로 설치하는 등 여러 방법을 검토 중입니다."라고 고미야마 사장은 말한다. 고미에서는 '단 한 사람의 의견' 도 그냥 무시하지 않고 철저하게 파헤치고 있다.

이는 틈새 시장에 자리잡고 있는 고미의 생존 전략이기도 하지만, 현재 고미의 매출은 항공기용과 ATM용 등 모든 분야를 합해 매출은 5억 엔 정도에 불과하다.

“하지만 사원 한 명의 개성을 활용하면서 매일 유저에게 도움이 되는 것을 고안해 상품으로 성립시킨다면 비즈니스는 반드시 확장됩니다.”라는 것이 고미야마 사장의 생각이다.

실제로 유저의 현장을 걷다 보면, 고미가 상상도 못했던 고도의 사용법과 조우遭遇하는 일도 적지 않다.

벽이나 천장에 구멍을 뚫지 않고 지지봉으로 설치하는 것도 가능.
이 아이디어는 유저를 방문하여 대화를 하던 중 탄생했다.

반찬 코너를 거울로 확인

어느 대형 슈퍼마켓에서는 반찬 코너 위에 거울을 설치하여 주방의 조리사가 그 코너에서 튀김이 얼마나 팔리는지를 세세하게 파악하기 위해 활용해 왔다. 매장이 넓어서 주방을 나와 코너까지 돌아가는데 왕복 30m 정도 걸어야 했다. 지금까지는 그것이 귀찮아 아무래도 확인 작업을 소홀히 하기 마련이었다. 그런데 거울을 활용하면서 시의 적절하게 상품을 보충하게 되었고 결품도 줄었다.

또 다음과 같은 일화도 있다.

어느 대형 기계 업체에서 거의 매달 100개, 200개씩의 거울을 주문했다. 더욱이 주문 상품은 고미의 일반 거울이 아닌 특정 거울이었다. 판매 대리점을 통한 주문이어서 주문 업체의 구매 담당자에게 용도를 물어볼 기회도 없었다. 도대체 어디에 사용하려는 것일까.

궁금한 문제점이 있으면 고미는 반드시 사용 현장을 직접 눈으로 확인한다. '뭐, 알아서 사용하겠지' 라며 넘어가는 법이 없다. 그것이 고미에게는 생명선이기 때문이다. 그 주문 상품은 자사 제품의 프레스기에 설치하는 것이라고 한다.

프레스기는 차가 들어갈 정도로 거대했다. 유럽에 수출할 예정인데 '기계에 시동을 걸 때 프레스기 내부에 혹시 사람이 들어가 있지 않은가의 안전을 확인할 방법은 없는가' 의 질문을 받았다고 한다. 가동 중 기계 내부에 사람이 있으면 센서가 감지하여 기계가 자동적으로 정지하는데, 반대로 처음부터 사람이 들어가 있으면 감지가 불가능하다는 것이다.

기계 업체 기술자들이 해법을 고민 중일 때 한 점포에서 고미의 방범용 거울을 발견하고 아이디어를 떠올렸다. 그래서 고미의 거울을 자사 기계에 설치하여 수출했던 것이다. 그런 분야에까지 거울이 사용될 수 있다는 것에 고미도 놀라지 않을 수 없었다. 이를 실마리로 고미는 협소한 공간에 설치 가능하면서 시야도 넓은 '하프돔 거울' 이라는 신제품을 개발하였다.

고미의 전시실에는 피터 드러커Peter Drucker를 비롯한 경영서가 빽빽이 진열되어 직원들이 자유롭게 읽을 수 있다. 피터 드러커는 저서《매니지먼트》에서 '마케팅의 이상理想은 세일즈를 불필요한 것으로 만드는 데 있다' 고 역설하고 있다. 어떤 상품을 대대적으로 선전하거나 영업 사원에게만 전적으로 기대어 판매하는 것은 '무상품력'無商品力의 반증이라는 것이다. 세일즈를 불필요한 것으로 만들기 위해 피터 드러커는 다음과 같이 제안한다. '우리들이 무엇을 팔고 싶은가가 아니라, 고객이 무엇을 사고 싶은가를 생각하라', 또 '고객을 이해하고, 제품과 서비스를 고객에 맞춤으로써 제품이 저절로 팔려 나가도록 하라' 는 것이다.

이는 고미의 경영 실천과 다르지 않다. 고미의 영업 사원은 겨우 6명. 이 인원으로 일본 국내와 해외를 커버하고 있다는 것은 생산자와 사용자의 인식의 갭을 메우기 위해 전력을 기울이는, 다시 말해 피터 드러커가 말하는 '제품과 서비스를 고객에 맞추고' 있기 때문이다.

팔리지 않은 이유에는 연연해하지 않는다

'유저와 소통하는 것이 모든 제품의 시발점' 이라고 고미야마 사장은 강조한다.

"그래서 저는 '팔린 이유' 에 집착합니다. '왜 팔리지 않는가' 를 정리한 책도 있습니다만, 이는 도움이 되지 않아요. 팔리지 않은 사실에 대한 추정은 누구나 쉽게 말할 수 있지요. '디자인이 경쟁 상품보다 뒤떨어진다', '가격이 비싸다', '홍보 방법이 틀렸다', '영업력이 약했다' 등. 가령 1,000명에게 팔았는데 단 한 명만 샀더라도 팔리지 않은 이유를 고민하기 보다는, 그 한 명의 구매 이유를 듣는 편이 다음 세일즈로 이어지게 됩니다. 우리들의 입장에서 본다면 하나밖에 팔리지 않았더라도 고객의 입장에서는 과감한 '구매 결단' 을 내렸기 때문이죠."

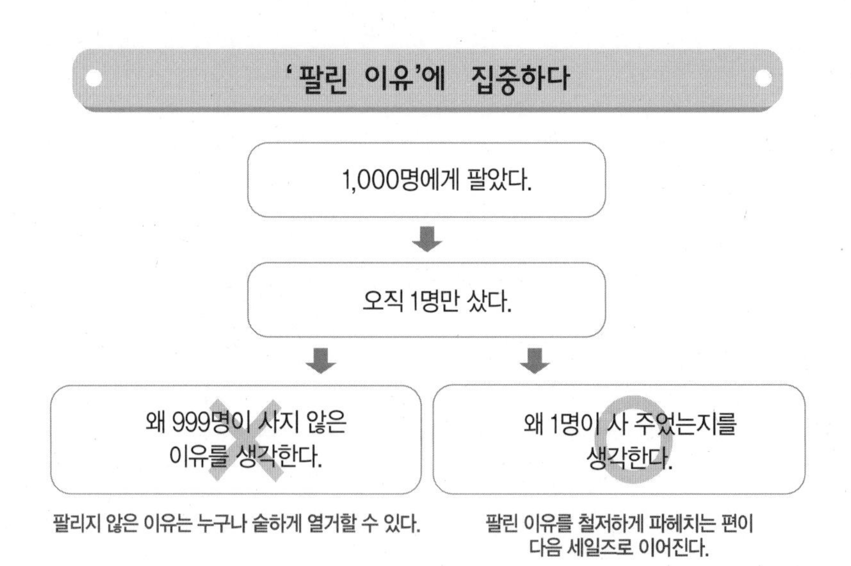

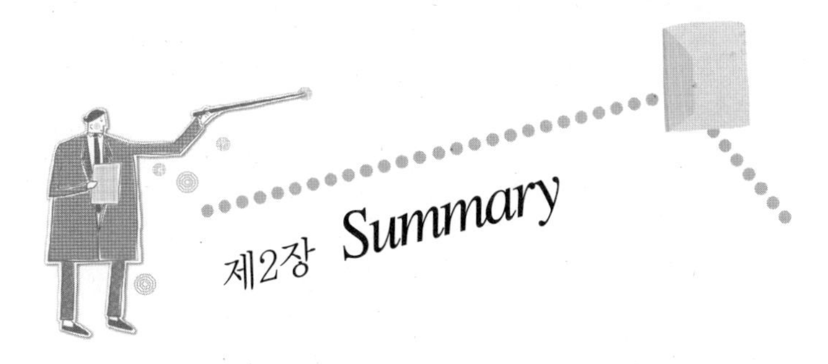

유저가 누구인지 정확하게 파악하고 있는가?

➡ **'구매자'와 '사용자'는 종종 다르다**

사용 현장을 방문하고 있는가?

➡ **도움이 되고 있는지 여부를 직접 눈으로 확인한다**

전 직원이 '사실'을 공유하고 있는가?

➡ **유저의 실태를 전 직원이 조사하여 공유한다**

고미야마 사장의 교훈 ①

신용이라는 재산을 만들어라

고미가 지금까지 발전할 수 있던 것은 전화 한 통화로 '고미라면 사겠다', '고미라면 팔겠다', '고미라면 아이디어를 빌려 주겠다'는 많은 관련 회사들 덕분이지요.
회사가 마음대로 결정하는 일방적인 매출 목표를 좇기보다는 신용을 확보, 축적해 나가는 편이 결과적으로 매출 증대로 이어진다고 생각합니다.
그렇기에 먼저 상대방에게 도움이 되어야 합니다.
상대방이란 단골 회사나 자재 구입처이기도 하지요. 관련 회사들과는 대립하는 것이 아니라 공생하는 거라고 생각합니다. 따라서 상대방에게 도움이 되는 일을 언제나 생각하고 있다면 반드시 신뢰를 확보할 수 있습니다.

회사와 직원의 관계에서도 마찬가지로 쌍방이 늘 상대방을 배려하고, 또 서로 돕는다는 생각을 가지면 함께 성장하고 발전하겠죠.
인간으로서 보람 있는 인생을 보내는 일, 회사로서 안정 성장을 이어가는 일, 이 둘 모두를 실현하기 위해 지혜를 짜내 행동해야 합니다. 고미의 성장이 직원들의 희생을 기반으로 해서도 안 되며, 반대로 직원들은 만족하게 생활하는데 훗날 회사가 망해 버리는 결과가 나와서도 안 됩니다.

홀로 살아갈 수 없는 인간을 '사회적 동물'이라고 하는데, 저는 이를 '사회적 어린이'와 '사회적 성인'으로 나누고 싶습니다.

'사회적 어린이'는 우리 사회에서 함께 살아갈 수는 있지만 오로지 자기만을 생각하죠. 어느 때인가 성숙하여 부모와의 인연이나 지금까지 살아온 환경에 고마움을 깨달았을 때 비로소 '사회적 성인'으로 성장하게 됩니다.

'사회적 성인'은 지금까지 자신의 삶을 지탱해 준 사회에 어떤 보탬이 되어야 할까, 어떻게 도와야 할까를 항상 생각합니다. 저는 그것을 바로 '뜻'이라고 생각합니다. '뜻'이라는 단어가 요즈음은 예전처럼 깊게 거론되는 것 같지는 않습니다만, 뜻이 있는 곳에 길이 있는 것 아닐까요?

회사나 개인이나 사회에 보탬이 되고 있다면, 사회도 분명 그들을 저버리지 않을 것입니다.

SS 시간

고미에서 'SS'(정리 'Seiri', 정돈 'Seiton'의 일본어 발음의 머릿글자에서 따옴)란 정리와 정돈을 뜻합니다.

정리·정돈은 크게 세 가지로 나누는데, 첫째는 '물건 정리', 둘째는 '서류 정리', 셋째는 '아이디어 정리'입니다. 고객을 방문하거나 공장에서 제품을 제조하는 시간도 물론 중요합니다만, 고미에서 그 이상으로 중시하는 것이 SS 시간을 철저하게 확보하는 것입니다. 물건과 현장 주위를 정리하면 작업 능률이 향상되고 성과에 큰 영향을 미치기 때문입니다.

최근 특히 정성을 기울이고 있는 것이 '아이디어 정리'입니다. 매일 아침 8시 30분부터 30분간은 조회 시간인데, 이 중 5분은 '아이디어 정리'를 위해 할애하고 있습니다. 구체적으로는 말씀 드리면 조회 시에 사용하는 '전략실'의 정보를 정리하고 있습니다.

이 방의 한 면에는 사내에서 발견한 문제점과 진척 상황 그리고 사원들이 해법을 모색 중인 과제 등이 적혀 있습니다만, 이 정보들이 깨끗이 정리되어 있지 않을 때가 종종 있습니다. 예를 들면 '이건 좀 오래 되었으니 지워야 하지 않아'라든지, '이건 도통 해결의 실마리가 보이지 않으니 다른 표현으로 수정할 것' 등, 본래 매일의 상황에 따라 탄력적으로 정보를 갱신해야 합니다. 따

라서 빈번하게 쓰고 지울 것을 생각해 화이트 보드를 사용하고 있습니다.
그런데 그 정리를 게을리하는 것 같아 아침 5분간은 강제적으로 '아이디어 SS 시간'으로 정해 버렸지요. '이거 누가 썼어?', '이거 지워도 돼?'. 단 5분이지만 모두 집중해서 전략실의 정보를 정리하고 있습니다. 덕분에 화이트 보드의 가장자리에 한 달이나 방치되어 아무도 거들떠보지 않던 문제가 사라졌습니다.
또 전략실 벽에서 사라진 정보를 종이에 옮겨 수정하여 다른 방의 벽에 붙이는 등 정보를 '나누어 수정하는' 작업도 실천하고 있습니다.
고미에는 작업 할당량이나 매출 목표가 없기 때문에 사원들의 참신한 아이디어를 부지런히 정리하여 하루하루의 작업을 '시각화'하는 것이 특히 중요합니다.

고미의 역사는 '오해'에서 출발

진정한 '판매 이유'를 분석한다

왜 고미야마 사장은 유저와의 오해를 해소하는데 열과 성을 다해 고심하고 있을까. 사내의 커뮤니케이션 이야기로 넘어가기 전에 '고미 경영'의 원점에 대한 이야기를 살펴보자.

실패투성이의 회사원 생활

"저는 독자적인 경영 철학을 가지고 있어요. 다른 회사와는 경쟁하지 않는다는 것입니다. 일본 기업들의 대부분은 끊임없는 경쟁 속에서 살아가고 있지요. 하지만 경쟁은 경쟁 자체만으로도 에너지를 소진해 버리죠. 남에게 빼앗기지 않으려고 눈에 핏발을 세운 채 사냥을 하는 '수렵 민족'이 아니라, 어느 한 장소에 씨를 뿌리고 자연의 순리대로 키우는 '농경 민족'이고 싶습니다. 타사가 경쟁에 사용하는 에너지를 고미는 창조에 집중하고 있습니다. 이것이 회사원 생활에서 패배를 맛본 제가 선택한 길입니다."

나가노 현에서 나고 자란 고미야마 사장은 그 지역의 신슈信州대학 공학부를 졸업한 후 대형 베어링 제조 업체에 입사하였다. 하지만 일은 생각대로 그리 만만한 것이 아니었다. 기계의 밸브를 잠그는 것을 깜박 잊어버려 작업 현장을 기름 바닥으로 만들기도 했고, 도면을 잘못 그리는 등 실패의 연속이었으며, 자신을 추월하는 능력 있는 부하에게 일을 빼앗기기도 여러 차례였다.

"회의 자리에서 제대로 발언하지도 못했어요. 제 생각을 관철시키지 못하고 누군가가 다른 의견을 말하면 '그렇다면 내 생각이 틀린 거로군' 하며 그대로 수긍해 버렸지요. 토론에 소질이 없다기보다 단순히 머리 회전이 느렸을지도 모릅니다. 그러니 윗사람으로부터의 인사 고과가 나쁠 수밖에요."

유일하게 회사에 보탬이 되었다고 생각하는 일이 어떤 불량품의 원인 규명이었다. 왜 불량이 나왔는지를 규명하여 보고서를 작성한 것이었다. 하지만 그런 업무만 할 수 있는 것도 아니어서 결국 베어링 업체를 3년 만에 퇴사하였다.

그 후 자동차 수리 공장, 백과사전 세일즈맨 등 너더댓 번 직장을 옮긴 끝에 정착한 것이 점포의 셔터에 글자를 쓰거나 간판을 제작하는 간판업이었다. 수입은 적어도 마음은 편했다. 1973년에 간판을 제작하는 '고미공예'(현 고미)를 설립하고, 모터를 내장한 회전 간판을 만들었다. 매일매일 회전만을 생각하고 있던 중 우연히 거울을 돌리다 보니 거울에 비친 경치가 움직이는 것이 재미있었다. 1977년, 2장의 볼록 거울을 앞뒤로 붙인 점포 디스플레이용 회전 거울을 제작하였다. 그리고 이를 신제품 전시회에 출품한 것이 고미야마 사장에게는 일대 전환점이 되었다.

전시장 입장객들은 그 거울을 보고 신기한 표정을 지으며 몰려들었고 시험 삼아 1 ~ 2개 주문하는 사람도 있었다. 당시 회사의 매출이 불안정해 자금 부족에 시달리고 있던 고미야마 사장은 당분간은 버틸 수 있다고 기뻐했다. 그런 와중에 한 슈퍼마켓 경영자가 회전 거울을 현장에서 30개나 주문했다.

날개 돋친 듯 팔린 회전 거울

고미야마 사장은 이해를 할 수 없었다. '재미로 1개, 2개 사는 거야 그럴 수 있다지만, 그 슈퍼마켓 사장은 왜 30개씩이나 필요했던 것일까?' 납품한 지 수 개월 지난 뒤 '저 따위 것을 왜 30개나 샀는지 모르겠다' 는 지청구를 들을 각오를 하고 쭈뼛쭈뼛 그 슈퍼마켓을 방문했다.

그런데 회전 거울이 도난 방지용으로 유용하게 사용되고 있었다. 슈퍼마켓 판매 담당자는 친절하게 가르쳐 주었다. 화려해 보이는 점포 이면에 도난으로 얼마나 골치를 썩이고 있고, 그 방지에 얼마나 고심하고 있는지를. 그리고 매장의 모든 후미진 곳곳의 상황을 비추어 주는 회전 거울이 도난 방지에 얼마나 보탬이 되고 있는지를.

약 30년 전 회사를 막 설립했을 무렵

'와우~, 이 거울이 이런 쓰임새가 있었구나' 고미야마 사장은 내심 몹시 놀랐다고 한다.

이 슈퍼마켓 경영자는 이웃 매장에도 고미의 거울을 추천해 주었다. 그 방문을 계기로 제조업의 매력에 눈을 뜬 고미야마 사장은 이 회전 거울을 '회전 미럭스'라 명명하고 출시하였다. 수주 생산의 간판업을 유지하면서 독창적인 거울까지 개발하는 업체로 탈피를 시작한 것이다.

또 불안에 휩싸이다

이 회전 미럭스는 순조롭게 팔려 나갔으나 어느 사이에 감시 카메라가 보급되기 시작함에 따라 고미야마 사장은 또 불안하고 초조해지기 시작했다. 매장에 설치한 카메라의 영상을 다른 방에서 모니터링하여 녹화까지 가능한 감시 카메라 시장은 대형 업체까지 발을 들이밀고 있었다. 이대로 가다가는 회전 미럭스가 언젠가는 퇴출될 날이 반드시 올 것이 불 보듯 뻔한 상황이었다.

하지만 걱정은 기우로 끝나고 회전 미럭스의 매출은 감소하기는커녕 점점 늘어나기만 했다. 그런데 잘 팔리는 현상 자체는 기뻤으나 그 이유를 도무지 알 수 없었다. 또 감시 카메라와 방범 거울 모두를 설치하고 있는 매장이 계속 늘어나는 것도 고미야마 사장은 이해할 수 없었다.

'어쩌면 매장 설계 매뉴얼의 변경에 시간이 부족해 카메라와 거울을 습관적으로 병용하고 있을지도 몰라. 매뉴얼 개정이 끝나자마자 방범 거울의 매출도 급감하는 것이 아닐까.' 고미야마 사장의 생각은 계속 나쁜 쪽으로 흘러만 갔다.

'우리 제품이 매장의 도난 방지에 도움이 되고 있다는 것은 사실일까, 혹시 그것도 내 착각은 아닐까.' 고미야마 사장은 의문을 풀기 위해 전 사원의 회의를 거친 후 업무의 대부분을 일시적으로 중단시킨 다음, 전 사원이 방범 거울의 효과를 확인하기 위해 각 슈퍼마켓의 유저를 방문하기로 결정하였다.

"만약 현장에서 쓸모없다는 말을 들으면 그 상품은 언젠가 사라질 것이 틀림없으니 바로 생산을 중단하자."고 사원들 앞에서 결연하게 선언까지 했다.

간판업에서 거울 제조업으로 변신을 꾀하는 계기가 된 '회전 미럭스'. 도난 피해에 골머리를 썩고 있던 매장으로의 판매가 확산되었다.

자사 상품이 순조롭게 팔리고 있을 때는 늘 일정 수요를 기대하는 것이 일반적이다. 하지만 고미의 원동력인 회전 거울(회전 미럭스)에 대한 이런 불안감이 고미야마 사장의 머릿속에서 사라지지 않았다. 사람과 사람 사이에는 이렇게 터무니없는 오해가 있는 법이다.

편의점에 청취 조사를

고미의 사원들은 당시 최대 납품처인 편의점의 점포 설계 담당자를 찾아가 단도직입적으로 물었다.

"회전 미럭스를 사용하는 것이 혹시 설계 때문인가요?"

담당자는 어처구니없다는 표정을 지으며 대답했다.

"무슨 엉뚱한 질문이슈! 체인점 사이에 경쟁이 치열해 쓸데없는 비용을 한 푼이라도 줄이려고 눈에 불을 켜는 판인데, 아무리 설계가 중요하다고 해도 쓸모없는 물건이라면 그 자리에서 바로 가차없이 잘라 버리지요. 물론 가맹점 주인들한테도 설문 조사를 하고 있겠지만, 그 방범 거울이 없으면 절대 안 된다는 의견이 다수여서 당신네 거울을 설계에 넣는 거요."

유저 방문을 계속하면서 방범 거울과 감시 카메라의 역할이 다르다는 점을 깨달았다. 감시 카메라는 점장이나 경영자가 모니터를 보고 도난 방지와 혼잡 정도, 아르바이트의 근무 상황 등을 파악하는 데 사용하지만, 방범 거울은 계산대와 플로어 직원이 진열장 뒤쪽의 보이지 않는 고객이 얼마나 있고 무엇을 하고 있는지, 사각 지대를 그 자리에서 확인하기 위해 필요했던 것이다.

청원 경찰에게도 효용성을 확인

방범 거울이 많은 도움이 되고 있다는 현장의 소리를 들은 후 고미야마 사장은 가슴을 쓸어 내렸으나 불안은 말끔히 사라지지 않았다. 방범 거울의 도입 효과는 수치화하기 어렵기 때문이었다.

방범 거울을 적극적으로 활용 중인 매장에서도 감시 카메라나 도난 방지 도어를 병용하고 있어서 거울만의 단독 효과를 측정하는 것이 어렵다. 그리고 도난 방지 전문가에 따르면 가장 큰 방범 효과를 올리는 것은 '사람'이라고 한다. '절대 도난을 용납하지 않겠다' 는 현장 직원의 강한 의지와 함께 방범 도구를 올바르게 사용하기 위한 교육 시스템이 갖춰져 있다면 도난을 높은 확률로 억제할 수 있다고 한다. 그러한 '사람' 이라는 요인을 빼고 방범 거울의 도입 효과만을 수치화한다는 것은 원천적으로 잘못된 일이다. 고미야마 사장은 그렇게 생각했다.

누구에게 물어보면 정답을 찾을 수 있을까. 그때 한 청원 경찰이 그에 대한 해답을 찾아 주었다. 한 대형 서점의 경영자가 '도난 방지를 위해 의뢰한 청원 경찰 회사가 매장에 반드시 방범 거울이 필요하다고 고집을 부리고 있어 구입하고 싶다' 고 고미에 전화를 걸어 온 것이 계기가 되었다.

고미에서는 방범 거울의 유저를 매장의 점원만으로 국한하고 있었다. 하지만 청원 경찰들은 절도범을 체포할 수 있는, 즉 '현장 한복판에 있는 사람' 에게도 유용하다는 것을 깨달은 고미야마 사장은 한 청원 경찰에게 왜 고미의 방범 거울이 필요한지를 물었다.

그 청원 경찰은 "우리들은 오인誤認이 가장 두렵죠."라고 말을 꺼냈다.

범행을 100% 확실하게 입증하지 못하면 매장의 신용에 먹칠할 수 있기 때문에, 한 순간이라도 눈을 다른 데로 돌렸거나 해서 확신감이 흔들릴 때는 미행을 중단한다고 한다.

범인으로 의심되는 사람을 빤히 보고도 눈앞에서 놓치지 않기 위해 매장 내의 방범 거울은 물론, 손거울, 유리 진열장 표면에 비치는 움직임 등에도 눈을 떼지 않으면서 절도범을 쫓는 것이다. 방범 거울의 특징을 숙지하고 있는 청원 경찰은 그 필요성을 열정적으로 강조했다. 날마다 절도범과 전쟁을 벌이고 있는 청원 경찰들에게 고미의 방범 거울, 회전 미럭스는 없어서는 안 될 필수품이었다.

고미야마 사장을 불안에 빠뜨리던 해묵은 체증이 이윽고 뚫리는 순간이었다.

'감시' → '배려'

이야기는 이것으로 끝이 아니다. 방범 거울의 판매처가 점차 확대되고 있을 무렵, 또 다시 '오해' 가 있다는 사실을 깨닫는다.

화장품 매장의 한 점원이 다음과 같이 말했다. "방범 거울의 쓰임새를 '감시' 에서 '배려' 로 바꾸었더니, 현장 점원들의 사용이 더욱 빈번해져 도난에 의한 상품 분실도 절반으로 줄고 손님들로부터도 '고맙다' 는 인사를 받아요." 방범 거울에 비친 손님이 물건을 찾고 있을 때는 바로 가서 도와드리기도 하고, 손님이 상품을 안고 있는 것이 보이면 바로 자연스럽게 장바구니를 건네기도 한다. 이런 식으로 현장 스태프들이 적극적으로 방범 거울을 사용하다 보니 매장 구석구석까지 주의가 두루 미쳐 도난도 감소하고 서비스도 향상되어 일석이조의 결과를 얻었다고 한다.

혹시 다른 매장들도 방범 거울을 고객 서비스에 활용하고 있지 않을까. 다시 고미의 사원들이 유저의 목소리를 듣기 위해 총출동하였다. 생각한 대로 손님의 방문 확인과 말을 걸 타이밍을 잡기 위해 거울을 사용하고 있는 매장, 절품된 상품을 진열대에 보충하고 있을 때 계산을 기다리는 손님이 없는지를 거울로 확인하는 매장을 발견했다.

이를 계기로 고미는 '고객을 배려하는 매장을 만들면 매출 증대, 도난 감소라는 두 마리 토끼를 잡을 수 있다.' 는 제안을 하기 시작했다. 다양한 용도와 다양한 설치 장소에 세심하게 대응하기 위해 새로운 거울의 개발에 착수하였으며, 늘 현장의 목소리를 듣기 위해 발품을 팔았다.

기능적이면서 아름다움을 자랑하는 '슈퍼오벌' 이나 굿디자인 상을 수상한 '라미' 와 '라미돔' 등, 점포용 표준 형태만 해도 약 30여 종류에 달한다. 이들 상품의 원조인 '회전 미럭스' 도 여전히 건재함을 과시하고 있다.

이것이야말로 고미의 원동력이다. 고미의 역사는 이렇게 '생산자의 오해' 에서 출발한 셈이다.

세 가지 오해에 대한 깨달음이 발전의 초석이 되었다

제1의 오해

디스플레이용 회전 거울은 미끼 상품으로 사용할 것이다.

실은 도난을 방지하기 위해 사용되고 있었다.

제2의 오해

감시 카메라의 보급으로 방범 거울은 퇴출될 것이다.

실은 감시 카메라와 방범 거울의 용도는 달랐다.

제3의 오해

방범 거울은 방범 이외의 용도는 없을 것이다.

실은 고객 서비스 향상의 도구로도 활용되고 있었다.

고미야마 사장은 말한다. "그래서 고미에서는 파는 것에 그치지 않고 상품 납품 후에도 계속해서 사용 목적과 사용법을 조사하고 있습니다. 직접 유저를 접하고 유저에게 맞는 상품을 연구해 낸 결과, 신용이 신용을 낳아 항공기 제조 업체에까지 납품하는 쾌거를 이루었습니다. 보잉 사의 책임자가 수하물 보관함 거울을 문의하기 위해 조립 공장인 당사를 방문한 날은 결코 잊지 못할 겁니다."

실제 용도는 폭탄 탐지!

현재 고미의 주력 상품인 수하물 보관함 거울도 실은 오해의 산물이다.

고미가 납품하기 전에도 일부 항공기 수하물 보관함에 다른 회사의 거울이 설치되고 있었지만 스테인리스 재질의 크기가 큰 거울이었다. 고미의 기술을 사용하면 경량화할 수 있다고 자신한 고미야마 사장은 '분실물 방지 거울' 을 가지고 항공사를 찾았다.

하지만 고미의 거울을 채택한 유럽의 항공사의 이야기를 듣고는 귀를 의심했다.

고미의 거울을 구매하는 이유가 '폭탄 탐지' 를 위해서라고 들었기 때문이다. 객실 승무원이 폭탄 테러를 방지하기 위해 공항에서 승객들이 모두 내린 후 객실을 정리할 때 고미의 거울을 사용한다고 한다. 결과적으로 고미의 거울은 분실물 방지의 효과가 높아 히트 상품으로는 자리잡았으나, '제조사의 판매 포인트와 고객의 평가 포인트 사이의 간극間隙' 을 고미야마 사장은 통감했다고 한다.

"유저의 목소리를 듣지 않으면 머리로는 알아도 무심코 생산자의 발상에 빠져 버리고 말지요. 이 만큼 무서운 일도 없습니다. 그래서 아무리 상품이 잘 팔려도 어딘가에 오해는 없는지 걱정하지 않을 수 없지요."

어음은 일체 거래하지 않는다

수하물 보관함 거울을 비롯해 다른 상품 카탈로그에 실제 유저의 사용 후기를 기재할 수 있도록 한 것은, 고미의 PR을 위해서 뿐만 아니라 자신을 채찍질하기 위해서이기도 하다. 수하물 보관함 거울 이야기라면 우연히 동승한 옆 좌석 승객에게 거울의 효과를 묻거나, '거울 덕분에 분실물을 발견했다는 사람이 있다' 고 들으면 그 사람을 직접 방문하여 소감을 듣기도 한다.

마치 무언가에 홀린 사람처럼 유저와의 오해를 푸는 것에 집착하여 매장의 배려로부터 항공기와 역사, 병원 등 실로 다양한 시장으로 상품을 넓혀 온 고미의 '농경 민족형 경영'. 업무용 거울 중에서도 '배려 거울' 이라는 작은 시장에 자리를 잡고 있는 한, 타인의 사업을 빼앗을 일도 없으며 경쟁에 휘말릴 걱정도 없다. 그것은 바로 세상살이에 서툰 고미야마 사장의 삶의 방식 자체이기도 하다.

고미야마 사장은 말한다. “매출 확대보다는 유저에게 도움이 되는 상품이 무엇인지 생각해 신규 유저의 개척보다 기존 유저에 대한 지원에 시간을 할애하고 싶습니다. 이것이 고미의 경영입니다. 그 이외의 업무에는 가능한 힘을 아껴야죠. 그래서 어음 거래는 사절합니다. 어음은 현금화라는 걱정이 늘 따라 다니고 그것을 관리할 사원도 필요하죠. 그런 것에 시간을 낭비하거나 생각할 시간을 빼앗기는 것이 너무 아까워 대기업들의 어음도 거절해 왔습니다.”

경쟁보다 철수를 선택하다

재미있는 일화를 소개해 보자.

1992년 무렵, 가정용 노래방 기기가 인기를 모으고 있다고 들은 고미야마 사장은 가정용의 작은 미러볼을 개발하였다. 고미의 가정용 제품은 그때나 훗날이나 이것뿐이다.

그런데 출시한 지 반년 정도가 지나자 대기업들이 잇달아 유사품을 출시하기 시작했다. 이때 고미야마 사장은 철수를 선택했다. 차별화할 아이디어를 얼마간 궁리했으나 이렇다 할 아이디어가 없어 남은 재고를 과감하게 처분하였다.

그렇게까지 경쟁에서 꽁무니를 빼는 경영자는 거의 없다. 하지만 이것이야말로 고미의 뿌리인 셈이다. 고미야마 사장은 경쟁에서 승리하기 위해

악전고투하느니 경쟁이 없는 세계에서 천천히 생각하는 편이 수십 배나 즐거운 것이다.

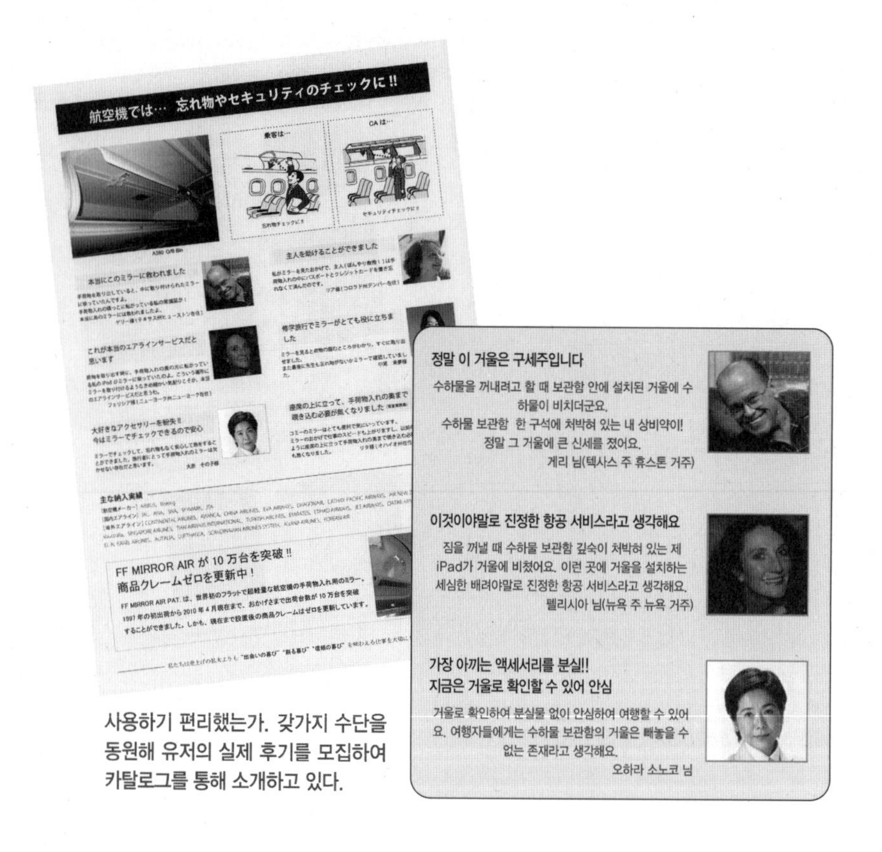

사용하기 편리했는가. 갖가지 수단을 동원해 유저의 실제 후기를 모집하여 카탈로그를 통해 소개하고 있다.

'팔리고 있다' 고 안심하고 있지는 않은가?

➡ 쓸모가 없어도 상품은 팔린다

궁금증을 그대로 방치하고 있지는 않은가?

➡ 납득하지 못한 점은 빼먹지 말고 유저에게 묻는다

'도움이 되고 있다' 고 단언할 수 있는가?

➡ 자신감을 가질 수 있을 때까지 전 직원이 철저히 조사한다

생존의 3대 요인

생물이 생존하는데 필요한 요인은 'DNA 요인', '환경 요인', '시간 요인' 이 세 가지뿐이라고 직원들에게 언제나 강조하고 있습니다.
개의 경우 맹인견, 사냥견, 애완견 등 조상 대대로 내려온 변하지 않는 것이 있습니다. 그것이 바로 'DNA 요인'이며, 맹인견 중에도 각 개체에 따라 유전되는 성질이 다릅니다. 본디 가지고 있는 본질이라고 말할 수 있겠죠.
이 DNA 요인을 축으로 하여 성격과 태도가 형성됩니다. 성격은 심도 있는 학습이나 환경의 변화 등에 따라 달라지며, 특히 태도는 단시간의 학습이나 시련으로도 바뀔 수 있습니다. 하지만 DNA라는 것은 절대로 바꿀 수 없지요.

'환경 요인'이라 함은 자신에게 주어진 조건입니다. 인맥, 지식, 재산, 그리고 지금 어디에 있는지, 경쟁을 좋아하는 회사인지, 아니면 경쟁에서 도망치는 회사인지 등.
이 DNA와 환경이 딱 맞아떨어졌을 때 꽃이라면 아름답게 필 것이며, 인간이라면 타고난 능력을 최대한 살려 풍요로운 삶을 영위할 수 있습니다. 그래서 자신의 DNA가 무엇인지를 끊임없이 탐구하여 자신의 DNA에 맞는 환경으로 이동해야 합니다. 물리적으로 이동하지 못한다면 현재의 환경을 스스로 바꾸어도 좋습니다.

단 이 두 가지가 갖춰져 있더라도 꽃이 피지 않기도 합니다. 씨를 뿌린 다음 꽃이 필 때까지 시간이 걸리기 때문이죠. '올해는 반드시 피어라'고 아무리 절실하게 기도해도 피지 않기도 하고, '아, 그렇구나!' 하며 체념한 순간에 갑자기 활짝 피기도 합니다. 복숭아와 밤은 3년, 감은 8년 등의 '시간 요인'이란 조건은 거스를 수 없지요.

회사도 마찬가지입니다. DNA와 환경 그리고 시간이 갖춰지면 제대로 상품도 팔리고 발전도 하지요. 아무리 좋은 상품을 만들어도 현재의 여건에서 팔리지 않는 경험은 오랜 세월 회사를 경영하면서 숱하게 겪었습니다. 그럴 때는 다른 시장 환경으로 옮기든가 아니면 다음 기회를 기다려야죠. 이러한 경영 판단이 필요하죠. 저는 경영에 관한 고민이 있을 때는
항상 이 세 가지 생존 요인으로 돌아가 생각하고 있습니다.

고미야마 사장의 교훈 ④

‘순풍에 돛을 달고’

이것은 본래 혼다 소이치로本田 宗一郎가 한 말입니다.
‘사람이나 회사에는 각각의 능력과 성격이 있어 장기長技는 갈고 닦고, 서툰 부분은 손을 대지 않는다면 능력을 최대한 발휘할 수 있다.’ 그러한 뜻이라고 이해하고 있습니다. 그분 스스로가 잘 할 수 있는 제작과 생산은 자신이 맡고, 재무는 다른 사람에게 일임했지요.
경영학자인 피터 드러커도 같은 말을 하고 있습니다. ‘평범한 분야에서 능력을 키우는 데 시간을 허비하지 말고 강점에 집중해야 한다. 무능함을 평범한 수준까지 올리기 위해서는 일류를 초일류로 만드는 것보다 훨씬 많은 에너지가 필요하다.’(《21세기 지식 경영》에서 발췌)

훌륭하신 분들이 전하고 있는 말이니 틀리지는 않겠죠. 저희 사원들에게도 ‘서툰 분야를 성장시키는 일은 힘드니 절대로 손을 대서는 안 된다. 잘 하는 것만을 하라’고 가르치고 있습니다.
‘만약 서툰 부분이 있다면 먼저 말해라, 그것을 도와줄 테니. 예를 들어 섬세함이 요구되는 업무는 그런 일을 잘 하는 여성 사원에게 부탁하라’고. 대기업 회사원들 중에 늘 피곤하다는 사람들이 많은 것도 서툰 일을 과도하게 해서 그런 것이 아닐까요.

경영도 마찬가집니다. 우선 '약점은 이것이고, 강점은 이것이다' 라는 회사의 약점과 강점을 확실하게 밝혀야 합니다. 강점만이 아니라 약한 부분도 꼼꼼하게 파악해 둔다면 도망칠 수 없지요. 직원의 경우는 자신을 가장 모르는 게 본인이므로 다른 사람에게 물어보는 편이 낫지요. 고미 '이야기'(135페이지)는 그럴 때 기여하지요.

고미의 경우에는 판매나 가격 인하 경쟁에 서툴러서 그러한 경쟁이 일어날 만한 시장에는 발을 담그지 않습니다. 이미 진출한 시장에서 그러한 경쟁이 시작된다면 지체 없이 짐을 꾸려 도망치죠. 경쟁에 이길 만한 체력도 없고 특히 그러한 부분에 약한 기업이기 때문입니다.

중소기업일수록 소통하지 못한다

작은 조직을 좀먹는 '주인화'

고미와 같이 직원이 16명인 작은 회사라면 특별한 조치가 없더라도 서로 원활히 소통할 수 있을 것 같지만 현실은 생각과 다르다.

"중소기업은 대기업보다 서로 소통하기 쉽다는 생각은 위험한 발상입니다. 오히려 중소기업일수록 주의가 필요하지요. 직원이 적은 만큼 특정 업무를 한 명의 사원이 전담해야 하니까요. 특히 연륜이 있고 머리가 좋은 직원은 점점 전문성을 키워 그 분야의 '주인'이 되고 맙니다." 사내의 커뮤니케이션에 관해 고미야마 사장이 가장 우려하는 것이 바로 '주인화'이다.

인사 이동이 어렵다

고미에서는 4명의 영업 사원이 사무실이나 공장, 병원이나 공공 시설 등 다방면에 걸쳐 있는 일본 국내의 고객들을 담당하고 있다. 그 밖에 해외 영업, 생산, 수주 및 발주, 카탈로그 제작 등으로 나누고 있는데, 직원이 한정되어 있어 같은 업무를 하는 사원은 거의 없다.

옆의 동료가 무엇을 하고 있는지, 향후 어떤 업무를 맡을 예정인지 등, 수시로 의사소통을 긴밀히 하지 않으면 어느 사이엔가 서로에게 벽이 생기고 만다. 또 고미의 영업은 성과가 나타날 때까지 시간이 걸린다. 예를 들어 체인점의 경우, 본부에 판매하여 점포 설계에 도입한 다음 납품하기까지 무려 3년 이상이 걸린다. 매일의 영업 활동을 수치화하기 어려운 탓에 다른 사원들은 영업 사원의 움직임을 파악하기 어려운 측면도 있다.

어떤 업무에 '주인'이 나타나면 다른 사원은 그 주인에 의존하게 되고, 주인만이 할 수 있는 업무, 주인만이 아는 업무가 늘어나기 마련이다. 여기서 주인을 다른 업무로 이동시키면 회사 전체 업무가 정체될 우려가 있어 인사 이동에 제약이 생겨 나머지 사원들도 '주인화' 되기 쉬워진다.

주인화는 기업에 국한되지 않는다. 같은 목적 아래 2명 이상이 모이는 조직, 아니 극단적인 예로써 부부 사이에도 발생할 수 있다.

남편은 밖에 나가서 일을 하고 아내는 가사만 맡는다는 역할 분담이 뚜렷하면 뚜렷할수록 주인화가 진행된다. 남편은 아내가 얼마나 가사로 고생

하고 있는지를 전혀 이해하지 못해 아내가 입원이라도 했다가는 남편의 일상생활은 큰 혼란에 빠져 남편의 기능이 마비될 수도 있다.

고미의 사내에서는 주인화의 어떤 징후가 보이면 〈'○' 문제〉라고 해서 당사자를 불러 경고한다. 예를 들어 다무라田村만이 할 수 있다면 〈'田' 문제〉, 요시노吉野만이 할 수 있다면 〈'吉' 문제〉라는 식으로, 특별히 주의를 환기시켜 업무 방식을 조속히 개선하지 않으면 업무에 성역聖域이 생겨 서로를 이해하기 어려워진다. 실제로 고미에서도 방심한 틈에 주인화가 발생한 적이 한두 번이 아니다.

친절의 이면에서 주인화가 진행

최근에는 다음과 같은 일화도 있었다.

고미에는 수주한 제품의 발송 날짜를 유저에게 약속하는 '단도리'라는 업무가 있다. 이 '단도리' 담당자는 대량 주문을 받으면 공장의 부품 적치장의 부품 재고가 필요한 양만큼 있는지를 확인한 다음 납기 날짜를 답변한다. '다품종 · 소량 · 단납기'를 표방하는 고미에서는 사령탑과 같은 역할을 수행한다.

그런데 '단도리' 담당자를 몇 년 만에 교체한 결과 납기에 대한 답변이 늦어지고 있었다. 원인을 조사해 보니 일부 부품이 정해진 위치에서 벗어나 있었다. 고미에서는 조립에 필요한 부품명과 그 부품이 어느 선반의 몇 번째 단에 있는지 등의 '위치'를 기입한 서류를 제품별로 비치해 두고 있는데 낡은 정보 그대로였다. 부품의 위치가 바뀌었는데도 서류를 갱신하지 않았던 것이다.

공장의 부품 적치장에는 신임 '단도리' 담당자가 발견한 문제점을 헛되이 하지 않기 위해 주의를 촉구하는 메모가 붙어 있다.

조립 담당자와 전임 단도리 담당자는 기억력으로 감당할 수 있던 탓에 특별히 문제로 여기지 않았다. 하지만 신임 단도리 담당자는 재고를 확인할 때마다 조립 담당자의 작업을 중단시킨 채 부품 장소를 물었다. 단도리 담당자가 어느새 '주인화' 되어 버린 탓에 '위치 문제' 가 은폐되어 있었던 셈이다.

다른 업무를 담당하는 어느 누구 한 사람도 이 문제를 알아차린 사람은 없었다. 부품의 위치에 대해 질문을 받은 조립 담당자마저도, 새로운 업무에 손이 익지 않은 탓이려니 여기고 선배로서 친절히 가르쳐 주고 있다고 생각하고 있었다. 겨우 16명의 회사에서도 이 상황에 대한 인식을 둘러싸고 이렇게나 큰 간극이 발생하는 법이다.

모든 업무에 유저가 존재한다

그렇다면 왜 전임 담당자는 위치를 수정하지 않았던 것일까. 작업하기 쉬운 장소로 변경하는 것은 그의 자유이다. 따라서 위치를 변경했을 때 그에 맞춰 서류의 부품 위치도 수정을 했다면 문제될 것이 없었다.

원인을 추궁해 보니 위치를 변경하는 것이 몹시 귀찮았다는 것을 알았다. 작업을 분리해 보면 '서류를 가지러 간다', 'PC에서 데이터를 수정한다', '1층의 공장에서 3층의 사무실로 이동하여 필요한 장수를 복사한다'는 절차를 밟아 왔다. 변경 시간을 측정해 보니 부품 1종류의 위치를 변경하는데 5분 이상이나 소요되었다.

특정 제품에만 사용하는 전용 부품의 경우만 해도 5분이 소요되는데, 복수 제품에서 사용하는 공통 부품도 있다. 이 공통 부품의 위치가 바뀌면 관련된 모든 서류를 수정해야만 한다. 이 규정은 고미가 현재 장소로 공장을 이전한 후 계속 이어져 온 것이다.

'왜 이렇게 어리석은 짓을 계속 해 왔던 거지?' 사원들 스스로 자책을 하면서도 '불편하지만 지금은 바쁘니 우선 이대로 하고 나중에 고치자' 며 문제 해결을 뒤로 미루고 있었다.

관계자 전원이 논의하여 위치 서류의 규정을 다음처럼 변경했다. 우선 간단하게 수정할 수 있도록 연필로 기입하는 위치표를 제작한다. 부품 적치장을 변경할 경우에는 부품 선반 옆에 변경 전 위치를 이중선으로 지운 다음 새로운 위치를 기입하면 된다. 그러면 위치표는 한 장만 수정하면 되는 것이다. 이런 방식이라면 누구나 현장에서 5초 만에 변경할 수 있다.

일단 과제를 수면 위로 올려 해결책이 발견되면 '뭐야, 그렇게 하면 바로 해결될 것을…' 이라며 어이없어 하는 경우가 많다. 하지만 '여기에 문제가 있다' 고 표면화하는 것이 극히 어렵다.

고미의 토론은 여기서 끝나지 않는다. 커뮤니케이션을 저해하는 문제가 발생했다면 몇 번이나 '왜?' 를 반복해서 끝까지 추궁하여 실제 원인을 색출해 내고 있다.

애당초 왜 귀찮은 위치표를 그대로 방치했던 것일까. '유저의 시점視点이 부족했기 때문에 위치표를 그대로 방치해 두었다' 는 것이 고미가 도달한 결론이다.

누구를 위해 일하고 있는가. 개별 업무에는 반드시 유저가 존재한다. 위치표의 최우선 유저는 바로 '신임 단도리 담당자' 이다. 갓 입사한 사원, 오늘 처음 단도리 담당 업무를 맡은 사원일지라도 원활하게 업무를 수행할 수 있도록 위치표가 존재하는 것이다. 조립 담당자, 단도리 담당자 모두 경력이 쌓인 탓에 그 유저 시점을 간과하여 '위치표를 변경하지 않아도 업무에는 지장이 없다' 는 오해에 빠진 것이다.

고미야마 사장은 강조한다.

"신임 단도리 담당자도 '고객은 나다' 라는 자신감이 있어야 합니다. '새로운 고객이 알기 쉽도록 위치표를 변경해 달라' 고 큰소리쳐야 합니다. 상대방이 아무리 나이가 많고 직위가 높은 윗사람이더라도 말입니다. 인간이란 유저가 누구인지 의식하지 않으면 자신의 노하우와 경험, 기억력에만 의존하여 업무를 진행합니다. 저희 같은 작은 회사에서도 곰곰이 생각하면 누구를 위해 일하고 있는지 알 수 없는 업무가 산처럼 많습니다."

베테랑의 업무에도 성역이란 없다

고미에서는 보다 기동적인 조직을 만들기 위해서는 타성적으로 일을 하는 베테랑의 의견보다, 업무에 익숙하지 않은 신입 사원이 '일하기 어렵다' 고 느끼는 불편을 진지하게 받아들여야 한다고 생각한다. 실제로 신입 사원의 문제 제기로 20년간 이어져 온 업무의 규정을 바꾼 적도 허다하다.

그러면 베테랑 직원이 얼굴을 찡그리는 일은 없을까.

"처음에는 다소 혼란이 있지만 큰 문제는 아닙니다. 모처럼 찾아온 개선의 기회를 날려버리는 쪽이 훨씬 손해가 막심합니다. 반복하는 작업도 개선의 여지가 없는지 언제나 의심해 보고, 베테랑의 업무에도 성역화를 배제하기 위하여 개선 테이블에 올려 '주인화'를 방지하고 있습니다. 그중에는 반발하면서 바꾸지 않으려는 직원도 예전에는 있었습니다만, 그것을 그대로 방치해서는 조직은 절대로 발전할 수 없습니다." 고미야마 사장은 그렇게 단언한다.

'주인'이 나타나면 그 주인이 아파서 결근하거나 퇴사한 경우에 업무를 유지할 수 없다는 것도 문제지만, 가장 큰 폐해는 커뮤니케이션 부재의 원흉이 되어 개선의 싹을 짓밟아 버리고 만다는 점이다.

"주인은 새로운 것을 공부하려 하지 않습니다. 그래서 주인의 개인 능력에 의존하는 조직은 취약할 수밖에 없지요. 사내에서 특정 직원이 아니면 모르는 업무를 최대한 배제하고 누구나 할 수 있는 시스템으로 바꾼다면 업무는 날마다 개선될 수 있습니다. 사원 간의 커뮤니케이션 밀도도 높아져 소인원이라도 조직력이 큰 폭으로 향상됩니다. 그런 시스템을 유지한다면 필요에 따라 그 업무를 외부 사람에게 맡길 수도 있는데, 주인이 나타나면 그러한 탄력성도 사라지고 말죠."

'왜'를 다섯 번 반복한다

주인화를 막기 위해 고미야마 사장은 사원의 귀에 못이 박히도록 '왜' 라는 의문을 되풀이하라고 강조한다. 매일의 소소한 업무에 대해서도 '이 업무는 왜 이렇게 진행되는가' 라고 생각하는 등, 하루에 수십 번 '왜' 라고 자문할 때 비로소 문제 발견 능력이 향상된다고 한다.

" '왜' 라는 말만큼 일상 속에 숨어 있는 문제를 드러내어 실제 원인을 도출하는 데 편리한 단어는 없습니다. 어떤 궁금증이 생겼을 때 '왜' 를 다섯 번 반복하면 정말 신기하게도 쉬고 있던 뇌가 움직이기 시작합니다. 어려운 게 아닙니다. 그저 '왜' 라는 말을 꺼내기만 해도 지금까지 몰랐던 여러 문제들이 보이기 시작하죠. 영업 사원이라면 '왜 우리 회사 상품을 구입해 주신 건가요?' 라고 물으면 됩니다. 어떤 것이든 상관없습니다. 예를 들어 지각을 밥 먹듯 하는 직원이 있다면 꾸짖기보다는 왜 지각했는지를 물으십시오. 자명종이 울리지 않았는지, 아니면 울렸는데 듣지 못했는지, 그럼 왜 듣지 못했는지. 그렇게 원인을 파고들다 보면 지각 버릇도 분명 사라집니다. '왜' 가 없으면 대화는 겉돌기만 할 뿐이죠."

사내 곳곳에 '?' 마크가 있다.

'왜'의 원조는 '가이젠改善의 신'

보통 업무가 순조로울 때는 분석을 소홀히 하기 쉬운데 고미는 일이 어느 쪽으로 결판이 나든 '왜'를 집요하게 파고든다. 업무가 원활하게 진행된 까닭은 무엇일까, 또는 잘 안 된 이유는 무엇일까라고.

'왜' 하면 떠오르는 것이 '도요타 생산 방식'의 창시자인 오노 다이이치大野 耐一(전 도요타자동차공업 부사장)이다. '가이젠의 신'이라는 별명을 가진 오노 전 부사장은 '왜를 다섯 번 반복하라'고 가르쳤다. 발생한 문제에 단순히 대처한다고 좋은 것이 아니라, '왜'를 자문자답하여 실제 원인을 추궁하여 두 번 다시 같은 문제가 재연되지 않도록 하는 것이 중요한 것이다.

하나를 들으면 열을 안다

성공한 경영자들 중 열의 아홉은 '왜'라고 묻는 버릇이 있다. 이탈리아 요리점 체인인 사이제리야Saizeriya의 쇼가키 야스히코正垣 泰彦 회장도 이렇게 얘기한다.

"나는 어떤 일에 있어서나 '왜 그렇게 되었는가'를 철저하게 생각하지요. 학교 선생님에게 배웠는지, 책에서 읽었는지는 기억이 나지 않지만 '하나의 사건에 왜를 열 번 말해라'라는 글귀가 있었어요. 보통은 '하나를 들

소인원인데도 소통하지 못하는 '세 가지 함정'

1. 직장이 '주인' 투성이라면 소통하지 못한다.

2. 업무 습관에 휩쓸려 '무엇을 위해?' 라고 원점으로 돌아가 생각하지 않기 때문에 소통하지 못한다.

3. 업무 진행 방식에 대하여 '이상하다' 고 느껴도 목소리를 내지 않기 때문에 소통하지 못한다.

으면 열을 안다' 고 말합니다만, 정반대의 의미로 '하나 안에는 모르는 것이 열이나 있다' 라는 가르침인 셈이죠. 그렇게 깊숙이 파고들면 사건을 객관적으로 응시할 수 있어요."

고미야마 사장도 같은 말을 하고 있다.

"대충 판단하거나 경험으로 판단해서는 위험합니다. '왜' 를 다섯 번 반복하면 그런 오해가 사라져 한 차원 높은 업무에 다가갈 수 있지요. '전임자가 그렇게 했기 때문에' 라거나 '지금까지 특별히 문제가 일어난 적이 없었다' 는 등의 타성적으로 일을 해서는 문제가 표면화될 수 없지요."

유저에게도 '왜 쓸모가 있는지?', '왜 쓸모가 없는지?' 라고 물으며, 사내에서도 '왜' 를 철저하게 추궁하는 고미의 문화는 이 '왜' 에 응집되어 있다.

30분의 조회에서 30번의 '왜'

'왜' 가 난무하는 고미의 회의를 살펴보도록 하자.

고미에서는 매일 아침 8시 30분부터 30분간 전 사원이 한 책상을 마주하고 조회를 갖는다. 직원들이 업무 진척 등을 보고한 후 고미야마 사장은 '왜', '왜 그렇게 생각해', '뭐 때문에 그렇게 할 필요가 있는가' 등 집요할 정도로 되풀이해서 질문한다. 꼬리에 꼬리를 문 질문을 퍼부어 댐으로써 사원들로 하여금 '왜' 라고 묻는 습관을 몸에 배게 만들기 위해서다.

고미의 조회를 취재한 날도 마찬가지였다. 한 직원이 '주문과 다른 상품이 도착했다' 는 반품 문의를 받았다고 발표했다. 그 이유는 고객이 발주할 때 상품 번호를 잘못 알려 주었기 때문이라고 했다. 일반 회사라면 '우리 회사의 실수가 아니었다' 고 가슴을 쓸어 내리고 다음 의제로 넘어갈 수도 있지만 고미는 다르다.

'그럼 왜 고객이 상품 번호를 잘못 알았을까' 라고 추궁한다. 그렇게 '왜' 를 몇 번이나 반복하면서 '실제 원인은 카탈로그가 보기 어려워 상품을 혼동하기 쉬운 것이 아닐까' 라는 가설이 수면 위로 올라왔다. 이로써 또 하나 개선해야 할 문제점을 발견했다.

이 날 진행된 30분간의 조회에서 고미야마 사장이 '왜' 를 말한 횟수는 30번. 실로 1분에 한 번꼴인 셈이다. 이렇게까지 '왜' 를 연발하는 경영자는 아직까지 본 적이 없다.

처음 고미를 방문한 사람들은 하나 같이 놀라는데 고미 사내의 벽과 전시물, 화이트 보드, 회의 자료 등 곳곳에 '?' 마크가 눈에 띈다. 이것도 직원들의 '왜' 라고 묻는 힘을 기르기 위해서이다. 수많은 '?' 마크는 고미야마 사장의 강력한 의지의 표출을 나타낸 것이다.

어떤 문제를 발견했을 때 직원이 '별 문제 없는 것' 이라고 판단하여 혼자서 해결해 버리는 경우도 있을 수 있다. 동료들에게 부담을 주지 않으려 배려하고 있다는 점에서는 언뜻 바람직한 것처럼 보이는 이 행위야말로 고미는 문제시한다. 문제 소재를 깨닫고 있는 사원이 있음에도 조직이 공유하지 못한다면 더 나은 개선의 기회를 놓쳐 회사의 불이익으로 이어질 우려가 있기 때문이다.

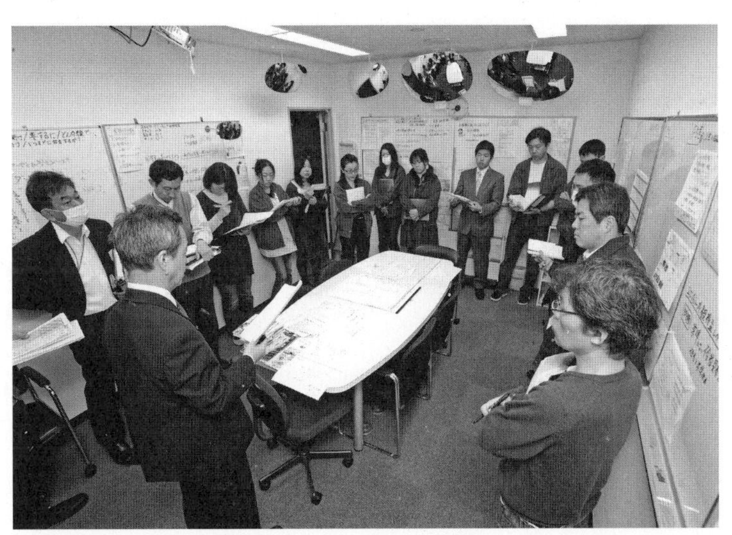

발견한 문제는 눈에 보이는 형태로 공유한다. 조회 시 사용하는 '전략실' 은 사방의 벽을 모두 화이트 보드로 채워 사원 한 명 한 명이 고민 중인 과제를 일람할 수 있도록 하고 있다.

그래서 고미야마 사장은 "아무리 사소한 문제라도 발견한 사람은 '대소동'을 일으켜 전원에게 알리라고 끊임없이 말하고 있지요. 대소동을 일으켜 조직의 문제로 노출된 시점時点에서는 이미 거의 해결된 거나 다름없습니다."라고 말한다.

사내의 메모지에도 문제의 '첫 발견자'를 향한 '대소동을 일으키라!'는 글귀가 어지러울 정도다.

누구에게도 직책이 없다

조회 때뿐만 아니라 고미의 사원들은 하루에 몇 번이나 같은 테이블을 마주한다. 고미는 번화가에서 떨어져 있기 때문에 점심식사는 사외 식당에서 배달을 시켜 전 사원이 함께 회의실에서 같은 도시락을 먹는다. 그리고 점심식사 후인 오후 12시 50분부터 10분간은 주례昼禮 시간이다.

또 매달 첫 번째 토요일은 휴일이지만 출근하여 '토요 회의'를 열고 있다. 주제는 다양하지만 토론에 꽤 시간이 요하는 것들이 많다. 굳이 휴일을 택한 이유는 외부에서 걸려 오는 전화가 없어 토론에 집중할 수 있기 때문이다. 이 '토요 회의'에 출근한 날을 대신하여 훗날 각자가 대체 휴가를 사용하고 있다.

'몇 명 안 되는 직원이 한 지붕 아래서 늘 함께 일하고 있으면 자연스럽게 소통될 것이다' 라고 착각하기 쉽지만, 각 소임에 따라 외출하거나 공장에서 일하는 전 사원이 서로 얼굴을 맞대고 대화를 나눌 시간은 제한적이다. 그래서 고미는 전 사원이 모이는 자리를 일부러 마련하고 있다. 대화 중의 사소한 의문이 '문제' 임을 깨닫는 기회를 늘리기 위해서다.

고미에서는 누군가가 '왜' 라고 의문을 가지면 다른 사원들도 함께 생각한다. 예를 들어 공장에서 발견한 문제라고 해서 영업 사원이 '그건 내 일이 아니야' 라고 외면하는 일은 없다. 전 사원이 하나가 되어 문제 해결을 위해 노력하며 업무의 질을 높여 간다.

실은 고미의 사원들에게는 직책이 없다. 영업, 생산 등 정해진 업무 담당자는 있으나 조직을 나누지 않는 것이다. 부장이나 이사 등의 임원도 없지만 대외적으로 붙이는 것이 낫다고 판단하면 스스로 마음대로 직책을 명함에 새겨도 무관하다. 이는 사원이 적기 때문이라기보다 조직을 나누자마자 커뮤니케이션이 저해받을 수 있다는 우려 때문이다.

발견한 문제는 전 사원이 눈에 보이는 형태로 공유하고 있다. 조회 시 사용하는 10㎡ 정도의 '전략실' 은 사방 네 벽이 모두 화이트 보드로 채워져 있는데, 화이트 보드에는 각 부문에서 고민 중인 과제들이 빽빽이 적혀 있어 누가 어떤 문제를 안고 있는지를 한눈에 알 수 있다. 또 본사 2층에는 불량품의 현물을 흠집이나 오염 등의 원인별로 정리하여 벽 한 면에 전시하고 있다. 정규직이나 계약직이나 그 불량에 대한 해결책을 계속해서 찾고 있다.

모든 것은 한 사람의 '왜' 라는 물음에서부터 시작된다. 그리고 누군가 발견한 의문이 '대소동' 으로 발전하여 전 사원이 공유하고 지혜를 짜내어 해결한다. 고미에서는 이 과정을 '문제 발견, 결과 도출' 이라 명명하고 있다. 이러한 작업을 숱하게 반복하다 보면 조직은 각자의 업무 경계를 넘어 하나로 뭉쳐진다.

베테랑 사원도 인사 이동이 있는가?

➡ **업무가 교착화膠着化되는 '주인'은 위험**

매일의 업무가 타성적으로 흐르고 있지 않은가?

➡ **모든 업무에서 '왜'를 추궁하여 개선을 시도한다**

베테랑의 눈치를 보지 않고 젊은 사원들이 발언하고 있는가?

➡ **문제를 발견한 사람이 '대소동'을 일으킬 수 있는 환경을 정비한다**

고미야마 사장의 교훈 ⑤

프로 알현

우리 회사의 부족한 능력은 무엇일까? 저는 늘 그런 눈으로 고미를 보고 있습니다. 능력이 없는 제가 이리저리 고민하느니 부족한 점은 잘 하는 사람에게 물으면 되고, 최고인 사람에게 묻는 편이 몇 날 며칠을 고민하는 것보다 빠릅니다. 저는 그것을 '프로 알현'이라 부르고 있습니다.

인사면에서 역량이 부족하다면 인사 분야 전문가를 찾아 보완합니다. 실제로 술집에서 우연히 만난 사람과 대화를 나누던 중 최근까지 상장 회사의 인사 부문 책임자로 근무했다는 말을 들었지요. 정년 퇴임하셨으면 우리 회사에서 채용 면접을 볼 때 도와달라고 억지를 부린 적도 있습니다. 또 해외 항공사에서 임원으로 근무했던 사람이나 자동차 업체의 기술 부문을 통솔하던 사람 등 다양한 업계 출신의 고문들이 10명 정도이며, 회사가 곤궁에 처했을 때 도와 주십시오라고 부탁하는 사람까지 포함하면 20명 가까이의 고문들을 모시고 있습니다.

좋은 책에서도 많은 점을 배울 수 있습니다. 좋은 책을 만난 경우 저자에게 직접 연락을 취해 자세하게 이야기를 듣기도 합니다.
프로 6단, 사장 초단, 사원 3급. 가령 한 분야에서 이런 능력 차가 있다고 합

시다. 어느 정도 노력하면 3급의 사원이 2급으로 올라가거나 초단인 사장이 2단으로 올라갈 수 있을지도 모릅니다. 하지만 사원이나 사장이나 단숨에 6단으로 뛰어오르는 것은 상당히 어렵지요. 그렇다면 6단인 사람에게서 배우면 됩니다.

유능한 사람으로부터 회사의 컨설팅을 받아 보면 지금까지 우리들이 별 문제 없다고 착각에 빠져 있던 부분에서도 많은 미흡한 점들이 드러납니다. 제조 수준은 어떤가, 마케팅은 어떤가 등을 능력과 경험이 풍부한 분들의 말씀을 들어보면 생각지도 못한 문제점을 깨닫게 됩니다.
이처럼 고미는 각 분야에서 능력 있는 분들과의 만남을 의도적으로 만들고 있는 덕분에 잘 굴러가고 있는 겁니다. 사원들에게도 유능한 사람과의 교류의 중요성을 시간 날 때마다 언급하고 있습니다.

고미야마 사장의 교훈 ⑥

로봇이 되지 마라

자신이 추진하려는 업무가 무엇을 위한 것인지를 이해하지 못한 채로 일을 해서는 로봇과 별반 다를 바가 없습니다.
일의 목적을 집요할 정도로 숙고하여 모르는 점은 다른 사람에게 묻습니다. 그 업무에 정통한 사람이 설령 바쁘더라도 궁금증이 생기면 즉시 묻습니다. 이것이 일함에 있어서 최소한의 조건이라고 생각합니다.

로봇에는 인간과 같은 사고 능력이 없습니다. 의사소통도 불가능하죠. 소통이 불가능하면 업무가 개선되지 않기 때문에 조직력도 향상되지 않습니다. 로봇은 명확하게 그 수만큼 일할 뿐 그 수를 웃도는 역량을 내지 못합니다. 이에 반해 인간은 로봇에 비해 변덕스러워 사람 수 이상의 역량을 내기도 하지만 사람 수만큼의 힘을 내지 못하기도 하는데, 그 결과는 '생각하고 있는지의 여부'에 따라 달라집니다.

조직에 속하는 한 명 한 명이 업무의 목적을 생각하고 조금이라도 개선할 수 있는 방법을 또 다시 생각합니다. 시스템이 없다면 혹시 시스템으로 만들 수 없는가를 또 궁리합니다. 이렇게 조직 구성원이 머리를 맞대고 생각하고, 연구하고, 궁리함으로써 조직력은 더욱 향상됩니다.

PLAN(계획), DO(행동), SEE(반성)의 반복은 인간의 성장을 선도합니다. 업무 목적을 모른 채로는 계획도 세울 수 없으며, 계획이 없으면 반성할 도리도 없습니다. 사고하고 계획하고 행동에 옮기고 반성하고 또 다음 업무를 계획합니다.

회사를 '인재 양성 학교'라고도 합니다. 만일 고미가 아닌 다른 분야의 직장으로 옮기는 사람일지라도 그 분야에 충분히 기여할 사람을 양성해야 합니다. 단기 계약직도, 정규 직원도, 사장도 전 사원이 능력에 맞춰 날마다 자기를 계발해야 합니다. 물론 개인뿐만 아니라 회사도 항상 사고하면서 계획, 행동, 반성을 반복하고 있습니다.
고미의 경우에는 언제나 새로운 거울을 개발하고, 지금까지 없던 유통 분야, 기술 분야에 도전하고 결과를 반성하면서 그 능력을 향상시키고 있습니다. 회사 자체가 로봇으로 전락했다면 그것이야말로 위험천만한 상황이지요.

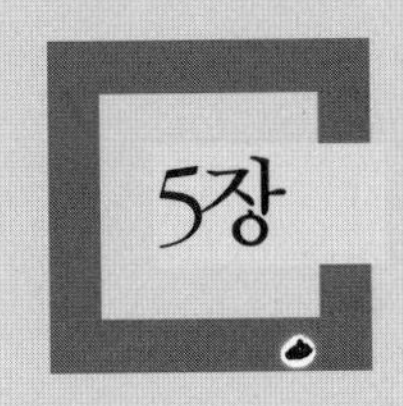

'사내 용어집'을 매일 갱신

언어의 정의를 상세히 규정한다

■ 고미야마 사장의 교훈

한 사원이 문제를 발견하면 전 사원이 그것을 공유한다. 이것이 바로 고미가 중시하는 '언어화' 이다. 고미야마 사장은 이렇게 말한다.
"문제 발견의 수준에도 여러 가지가 있으며, '이 일의 진행 방식에 뭔가 문제가 있을 수도 있다' 는 정도로는 모두에게 알리기 꺼려하는 직원도 있습니다. 말로 표현하기 전에는 그 실체를 파악하기 어렵기 때문이죠. 말이라는 것은 너무도 중요하며 언어화는 무언가를 개선해 나가는 데 있어서 불가피한 과정입니다."

4장에서 설명한 '위치 문제' 에 대해서도 도대체 무엇이 문제인지 담당자에게 물어보면 요점을 파악하지 못한 채 진행 상황만 줄줄이 열거할 뿐이었다. 왜 이렇게 시간이 낭비되는지, 무엇 때문에 위치가 존재하는지, 그것이 어떤 기능을 하는지 줄기차게 질문을 퍼부어 대자 드디어 문제의 진상이 드러났다.

어떤 일이든지 거기에는 많은 사람들이 관계하고 있으며, 여러 가지 요인들이 서로 얽혀 있다. 그렇기에 복잡하게 뒤엉켜 있는 것을 정리하고 거기서 찾아낸 문제점을 간략하고 정확한 말로 표현하는 것은 그리 간단한 일이 아니다. 하지만 고미야마 사장은 사원들에게 이에 대한 강한 의지를 내보이며 이렇게 말한다.

"말이 길어지면 빠져나갈 구멍들도 많아집니다. '이것도 문제고, 저것도 문제' 라며 말을 길게 늘어놓는 데는 분명 이유가 있는 법입니다. 문제 파악이 잘 안 되든지, 문제를 파악하는 것이 두렵든지 둘 중 하나이지요. '나누다' 와 '안다' 는 말은 어떤 차원에서 보면 같은 뜻이라고 할 수도 있습니다. 사실을 나누어 분석하고 문제점을 찾아내고 문제를 추출하는 일이야말로 참으로 중요한 작업이지요."

고미야마 사장은 조회나 주례 시간에 문제를 정확하게 파악하지 못한 사원에게는 "○○○씨와 ○○○씨, 10분의 시간을 줄 테니 저기 가서 말을 간략하게 줄여 오세요."라고 한다. 언어화하지 못한 상태에서 논의를 해

봤자 진전이 없기 때문이다. 그 자리에서 적절한 말을 찾지 못한 경우에는 흐지부지 넘어가는 일이 없도록 조회 때 사용하는 '전략실' 벽에 반드시 적어 누구나가 볼 수 있게 해서 '말'로 숙성시킨다.

브랜드력 = 신용력×지명도

'언어화' 해서 해법이 도출되었다면 반드시 '문자'로 기록해 공유한다. 이것도 고미의 특징이다. 작은 조직에서는 업무 진행 방식이나 결정 사항 등을 이야기할 때, 그냥 말로 확인하고 말로 전하는 경우가 많은데, 고미는 눈에 보이는 형태로 결과를 남긴다. 이것이야말로 꾸준한 개선 활동을 위한 지름길이기 때문이다.

고미에는 고미의 '문자 문화'를 상징하는 '용어집'이라는 것이 있다. 사내에서 사용하는 각종 용어의 의미에 대해 전 사원이 토론하고 그것을 명확히 정의한 것이다. 전 사원에게 배포한 '사원의 마음가짐' 중 여섯 페이지를 바로 이 용어집에 할애하고 있으며 120개를 웃도는 단어를 수록하고 있다. 용어집에 수록되어 있는 말은 하나하나의 정의가 분명하고 명쾌하다.

예를 들어 '야리토리'라는 말은 '약속의 과정'이라고 정의하고 있다. 거래처와의 '야리토리'는 납기, 가격, 품질, 도면 등의 '약속'을 하는 과정에서 일어나는 일들을 말한다. 또한 '브랜드력'은 '신용력×지명도'이다.

고미에서 브랜드력을 높인다는 것은 다름아닌 신용력과 지명도를 높이는 것이다. 브랜드에 대한 책은 많이 나와 있지만 브랜드의 정의에 대해서는 언급하지 않은 경우가 대부분이다. '브랜드란 무엇인가'를 명확히 하지 않은 채 브랜드력 향상을 위해 고민한다면 그건 실로 의미 없는 고민이다. 고미야마 사장은 이렇게 생각한다.

"'신용력'이라 함은 상품을 구입한 사람이 그 상품에 만족해서 재구입하거나 다른 사람에게 구입을 권유하는 것을 말합니다. 한편 '지명도'란 얼마나 많은 사람이 상품의 이름이나 특징을 알고 있는가 하는 것이죠. 광고에 돈을 뿌리면 일시적으로 '지명도'는 올라갈 수 있습니다. 그런데 '이 정도 부풀리는 것쯤이야'라고 호기를 부렸다가 어느 날 발각이라도 되었다가는 브랜드력은 한 순간에 곤두박질치게 될 게 뻔합니다. 이렇게 되면 '신용력'은 제로, 아니 마이너스로 전락하게 됩니다."

이렇게 일상적으로 아무 생각 없이 사용하는 말도 고미의 사옥 안으로 발을 들여 놓는 순간 그 애매함이 사라진다. 앞서 예시한 〈○ 문제〉와 같이 독자적인 말을 만들거나 본래와는 다른 의미를 붙여서 만든 '고미어語'도 적지 않다.

의견이 모아지지 않는다

고미야마 사장이 말이나 문자에 신경을 곤두세우는 것은 이들이 바로 커뮤니케이션의 근간을 이룬다는 것을 경험적으로 잘 알고 있기 때문이다.

"'종이 박스의 납기는 어떻게 되지?' 라고 물으면 어떤 직원은 '이틀이면 됩니다. 혹 많이 급하시다면 내일까지 맞춰 보겠습니다' 라고 하기도 하고, 또 다른 직원은 '사흘은 걸리겠는데요' 라는 식으로 사람마다 다르게 답을 합니다. 몇 시까지 발주해야 며칠 후 몇 시까지 가능한지, 휴일을 끼고 있는 경우 납기가 달라지는지, 또 급한 상황이라는 것은 구체적으로 어떤 경우를 말하는지 등을 물어보면 제대로 대답하지 못합니다. 또한 약속에 대한 문서를 작성하지 않고 말로만 결정하고 일을 추진해 가는 경우도 많습니다. 대부분의 기업에서 흔히 볼 수 있는 일이지요. 회의도 그렇습니다. 이런저런 얘기를 늘어놓다가 시간만 허비한 채 언제까지 어떻게 할지 등의 약속을 정확히 마무리하지 못하는 경우가 허다합니다."

이런 일도 있었다. 신상품 거울을 얼마에 팔지, 사내에서 논의를 했지만 도무지 의견이 모아지지 않았다. 도대체 왜 그런지 이유를 살펴보니 '가격' 이라는 말을 각기 다른 의미로 사용하고 있었다.

세 가지 '가격'

가격은 크게 세 가지로 나뉜다. '소비자 가격(정가)', 상담할 때 파는 쪽이 제안하는 '제시 가격', 상담의 결과로 사는 쪽이 수락한 '거래 가격' 이 있다. 고미의 사내에서는 이 세 가지 말들을 섞어서 사용하고 있었다.

“여러 의미를 가진 ‘가격’ 이라는 말로 유저에게 질문을 하거나 사내에서 논의를 하거나 하는 것은 바람직하지 않습니다. 가격 결정이라는 것은 매우 민감한 사안이기에 용어의 정의가 명확히 하지 않은 상태라면 가격을 논할 자격조차 없는 것입니다.”라고 말하는 고미야마 사장.

그래서 이 세 가지의 분류를 명확하게 정의해서 용어집에 게재하고 모두에게 철저하게 주지시켰다.

“너무 깐깐하다고 생각할지도 모르지만 이러한 하나하나의 인식 차이로 인해 오해가 생겨나고 조금씩 어긋나기 시작합니다. 이것을 그냥 방치했다가는 조직에 큰 균열이 생겨 결국 회사는 무너지게 되죠. 아무리 작은 조직이라도 각자 다른 개성과 다른 경험을 축적한 인간이 모여 있는 만큼 인식을 공유하는 데 노력을 아껴서는 안 됩니다.”

회사가 무너진다는 것은 그리 과장된 표현이 아니다. 고미에서는 과거에 고객 사 방문 시 발견한 — 클레임이라 하기도 어려운 — 작은 결함의 경우에 그 대응이 늦어지곤 했다. 그 전까지 그러한 결함을 표현하는 말이 명확하지 않다 보니 클레임에 비해 문제 의식이 부족했다.

그래서 고미야마 사장은 ‘클레임이라는 것은 고객들이 사용하다가 발견하고 지적한 문제이고, 결함품이라는 것은(고객이 지적하지 않더라도) 장래에 문제를 일으킬 가능성이 있는 제품을 말한다. 또한 사용 환경 조건이 애매한 취급 설명서에서는 결함품이 될 수 있다.’ 라고 정의를 내림으로써 사원들의 의식 속에 그 위험성을 심어 넣었다.

고미 제품의 콘셉트인 '배려' 의 정의도 빠뜨릴 수 없다. 여러 가지 사전을 참고하여 '배려라는 것은 주위에 문제가 발생하지 않도록 두루 신경 쓰고 확인하는 것' 이라고 정의해 두었다. 이렇게 해 두면, 누군가가 '고미의 거울과 일반 거울의 차이는 무엇입니까?' 라고 물었을 때 '일반 거울은 자신의 모습을 보는 것이 목적이지만, 고미의 거울은 타인에의 배려가 그 목적입니다.' 라고 바로 대답할 수 있을 것이다. 또한 이렇게 사업의 방향성을 확실히 정해 두면 매출에 눈이 멀어 자사의 강점을 살리지 못하는 제품에까지 손을 대는 일도 방지할 수 있다.

'환경 문제' 라는 용어에 대한 논의

이렇게 고미에서는 사내에서 사용하는 각종 용어의 정의를 전원이 논의해서 엄밀히 정하고 있다. 바로 그 자리가 한 달에 한 번 있는 '토요 회의' 다. 취재 차 방문했던 날의 의제는 '환경 문제란 무엇인가' 이었다. 고미는 2007년, 환경 대응 국제 표준인 ISO 14001의 인증을 취득했다. 기업 활동을 통해 가능한 실천을 철저하게 고민하기 위해 고미야마 사장은 이 테마를 설정했다고 한다.

"사실 고미의 상품은 환경 문제에 기여하고 있다는 얘기를 들었어요. 엘리베이터에 타려는 사람을 태우지 못하거나 문에 끼는 사고를 방지할 수 있는 거울을 설치함으로써 운전 효율이 향상되고 전기 사용량이 줄어들지요. 하지만 그 전에 환경이 무엇인지, 자신 이외의 것을 가리키는 것인지, 고미 이외의 것을 환경이라 부르는 것인지, 아니면 지구에 해를 끼치는 모든 것을 가리키는 것인지, 이 모든 것이 불분명했습니다. 그래서 우선 환경 문제란 무엇을 말하는 것인지 정확한 정의를 내려야겠다고 생각했습니다."

보통의 회사라면 환경 대책을 위한 구체적인 내용을 논의하려 들겠지만, 고미는 '환경 문제' 란 무엇을 가리키는지, 그 정의부터 논의를 시작했다.

한 달에 한 번, 사원 전원이 모여 현안을 집중적으로 논의하는 '토요회의' 를 열고 있다.

각자 평소에 생각한 것을 정리하여 작성한 자료를 가지고 순차적으로 발표한다. 환경성*環境省의 정의를 그대로 수용한 사원이 있는가 하면 '직원들의 가정 환경도 고미를 둘러싼 환경의 일부이다. 부부 싸움은 환경 파괴로 이어진다' 고 주장하는 사원도 있다. 회의실은 어느새 토론의 열기로 가득 찼다. 이렇게 여러 차례의 논의를 거쳐 용어의 정의를 하나하나 정리해 가는 것이다. 전 사원이 휴일까지 반납하면서 환경 문제의 정의를 논의한다는 것이, 환경 관련 기업이라면 모를까 분야가 전혀 다른 소기업의 제조회사에서 그렇게까지 하는 것을 보니 놀라울 따름이다.

또 용어를 한 번 정의했다고 해서 끝이 아니다. 경영 환경뿐만 아니라 사원들이 일하는 방식도 시간의 흐름에 따라 조금씩 변하기 때문에 정의도 이에 따라 몇 번이라도 논의를 거쳐 수정하고 있다.

영업 대상 확대에 따른 재정의

예를 들어 '영업' 에 대한 정의도 계속 변경하고 있다.

이전에는 '돈을 받는 시스템 구축' 이었는데, 보다 구체화해서 다음과 같이 재정의하고 있다. '(대리점의)카탈로그에 실릴 때까지, 혹은 설계에 들어갈 때까지 판매 촉진 활동을 하는 것. 이를 위해서 DM, 홍보, 광고, 전시

* 환경성 : 우리나라의 환경부에 해당하는 일본의 정부 조직

회 등의 목표 계획, 결과를 도출한다. 영업에는 유저에게 직접 판매하는 직접 영업과 카탈로그에 게재하는 간접 영업이 있다.'

이 정의에 따라 점포용 거울의 경우, 설비 관계 대리점의 카탈로그에 게재되는 것, 혹은 체인점 점포 설계 단계부터 들어갈 수 있도록 하는 것이 목표라고 명확하게 제시하고 있다.

정의를 변경하게 된 배경에는 영업 대상의 확대가 있다. 예를 들면 망치로 내리쳐도 깨지지 않는 '와렌'*이라는 거울의 수요가 최근 유치원이나 식품 공장에서 늘고 있다. 그러다 보니 영업 사원이 직접 유치원이나 식품 공장의 관계자에게 카탈로그를 건네주는 기회는 늘었지만, 카탈로그에 나와 있는 내용으로 거울의 사용 방법이 충분히 전달되고 있는지는 확인조차 하지 않았다.

이 때문에 '카탈로그 제작자를 고려한 영업까지 생각해야 한다'는 문제가 제기되었고, 이에 따라 '고미의 영업에 어떤 문제점이 있는가'에 대해 전 사원이 모여 논의했고 그 결과를 토대로 용어집의 정의를 수정했다.

고미야마 사장은 말한다. "용어가 불분명하면 본인조차도 무엇을 말하고 있는지 잘 모르게 되며, 시간을 들여 논의를 해도 결과다운 결과를 하나도 낼 수 없습니다. 따라서 '이 정도의 깊이까지 심도 있게 논의해 주세요'

---

* 와렌 : 일본어로 깨지지 않는다는 의미

라고 모두가 생각할 수 있는 분명한 선을 그어 줌으로써 직원들이 그 문제점의 이미지를 떠올릴 수 있게 됩니다."

사실 고미의 용어집에는 그 '모델'이 있다. 부인복 체인점인 '시마무라'라는 업체의 매뉴얼집이다. 시마무라에는 많은 파트타임 사원들이 일하고 있다. 주부의 경우, 아이들이 병이 난다든지 할 경우 갑자기 회사를 쉬어야 할 때가 많다. 이런 경우 업무의 공백이 생기지 않도록 업무의 세세한 사항을 적어 넣은 매뉴얼을 정리해 두고 있다. 매뉴얼집은 여러 권에 달할 정도로 분량이 상당하다고 한다. 이런 매뉴얼이 있기에 누구나 어떤 작업장에서라도 일을 척척 해낼 수 있다는 것이 시마무라의 강점이다.

시마무라에서 힌트를 얻다

경제지에 실린 한 기사를 읽은 후 고미야마 사장은 흥분에 들떠 시마무라의 '매뉴얼 경영' 원형을 만든 후지하라 히데지로藤原 秀次郎 회장(현 상담역)에게 전화를 걸었다. 전에 경영인들의 모임에서 명함을 한 번 교환한 적이 있는 사이였다. "저희 직원을 데리고 찾아 뵙겠으니 매뉴얼에 대해서 상세하게 가르쳐 주십시오."라고 부탁하자, 후지하라 사장은 흔쾌히 승낙했다고 한다.

고미야마 사장은 "사원 5명과 함께 방문해서 2시간 정도 설명을 들었어요."라며 웃는다.

'특정한 일만 할 줄 아는 사원은 키우지 않는다' 는 방침을 세워 놓고 상당한 분량의 매뉴얼을 만든다. 이러한 후지하라 사장의 경영 방침은 '주인화' 의 억제에 힘쓰는 고미야마 사장과 공통점이 있었다. 고미에서는 그때 이미 용어의 의미를 정하고는 있었으나, 시마무라에 자극을 받아 2007년에 고미의 독자적인 용어집을 만들었다. 항상 내용을 재정리하고 새롭게 추가된 문구는 알기 쉽게 붉은 글씨로 표시해서 눈에 띄게 하였다. 이것은 시마무라의 방법을 모방한 것이다.

용어와 규칙을 상세히 정하는 것은 시마무라와 같은 커다란 조직이라면 그 중요성을 이해하기 쉽다. 하지만 작은 조직이라도 세대 차이, 생활 환경, 과거에 경험한 업무 등으로 인해 같은 용어라도 다른 의미로 사용하는 경우가 일상에서 다반사로 일어나고 있다. 그렇기에 조직의 크고 작음에 관계없이 세심한 주의를 기울여서 말을 하지 않으면 소통이 제대로 되지 않는다. 고미야마 사장은 애초부터 이 점을 인식하고 소통을 경영 원칙으로 지켜 온 것이다.

고미라는 조직을 설립할 때 컨설팅을 담당한 니시야마 히로시西山 裕는 이렇게 설명한다. "시스템으로 움직일 수밖에 없는 대기업보다 암묵적 동의에 의존하기 쉬운 중소기업이 업무의 진행 방식을 더욱 바꾸기 어려울지도 모릅니다. 고미야마 사장이 용어나 문자에 대해 상당히 까다롭게 신경 쓰는 것은 그 점을 잘 알고 있기 때문이죠."

어떤 용어를 직원 개개인이 각기 해석한다면 아무리 논의를 여러 차례 반복해도 서로 소통할 수 없다. 해석이 하나이면 의식도 하나가 된다. 이를 철저히 주지시켰을 때 비로소 사원들은 같은 길을 향해 걸어가게 된다. 고미는 이를 위한 노력을 아끼지 않는다. 용어집은 고미 사원의 문제 의식의 결정체인 동시에 커뮤니케이션에 관한 규정집이라고 말할 수 있다.

성장하는 회사는 용어를 명확히 규정한다

고미 같은 예는 드물지만 용어의 명확함에 대해 까다로운 경영자는 많다. 예를 들어 공작 기계 기업인 모리세이키森精機 제작소의 모리 마사히코森 雅彦 사장은 사내에서는 사용 금지어인 'NG 워드'를 정하고 있다. 예를 들면 '여러 가지 문제가 있습니다.'라는 표현. '여러 가지'라는 말로는 무엇이 문제인지 명확하지 않기 때문에, '문제점은 이것과 이것'이라고 구체적으로 제시하도록 하고 있다. 같은 이유로 '○○ 등'이라는 식의 용어도 사용 금지다.

용어의 정의도 철저히 규정하고 있다. "예를 들어 '다이내믹 스케줄러'라는 생산 관리 시스템에 대해 논의하던 중 가만히 살펴보니 사람에 따라 다르게 이해하고 있다는 것을 알았어요. 물론 이 같은 것은 정말 흔한 일이죠. 직원들이 생각하기에는 너무 따지고 드는 것 같이 보이겠지만, 이렇게 철저히 확인하지 않으면 경영은 불가능합니다." (모리 사장)

고미의 고미야마 사장과 상당히 비슷한 생각을 가지고 있다는 것을 알 수 있다.

일본 맥도널드의 창업자인 후지다 덴故藤田 田 사장도 애매한 표현을 싫어했다. 즉시 판단하고 즉시 결정함으로써 비즈니스 찬스를 절대 놓치지 않는다. 이를 위해서 평소부터 숫자로 확인하고 숫자로 판단하는 것을 습관화해야 한다고 보고, 본사의 모든 회의실 벽에 그 방의 가로, 세로의 길이, 바닥 면적, 천장 높이를 적어 두었다. 넓이를 감각이 아닌 숫자로 정확하게 파악하고 몸에 익히기 위한 트레이닝이다. 또한 아랫사람이 추상적인 발언을 하면 '숫자로 표시하라' 고 꾸짖었다. 아무리 좋은 상품이라도 요일별, 시간대별의 통행량 등을 표시하지 않으면 결재를 해 주지 않았다.

성공하는 사람들에게는 공통점이 많다. 고미의 매출은 일본 맥도널드의 고작 1,000분의 1 정도지만 그 방법은 동일하다.

고미 용어집

용 어	의미 · 정의
문제 발견, 결과 도출	현장에서 문제점을 발견했다면 문제를 명확히 하고, 그 해법을 생각해 목표를 설정한 다음 행동으로 옮기고 결론을 내는 것
PDS	PLAN(계획), DO(행동), SEE(반성)이라는 일련의 사이클을 돌려서 목표를 달성하는 방법으로 어떤 일을 달성하는 기본. 보통 매니지먼트라고 한다.
시각화	1. 문제를 발견하기 위해 업무 내용 중 포인트가 되는 점을 타인도 알 수 있도록 시각적으로 보여 주는 것 2. 현장에서 발견한 문제를 전원의 지혜와 협력으로 해결하기 위해 시각적으로 관련자 전원에게 보이는 것
야리토리(やりとり)	약속의 과정
약속	서로 합의한 규칙. 고객 및 외주처와의 사이에서는 거래 방법, 납기, 가격, 품질, 도면 등을 가리키며, 사내에서는 협의 및 회의의 결론을 준수하는 것
룰(규칙)	업무 수행 순서 및 방법을 정한 것
라인	규칙이 있는 업무 또는 그 업무를 하는 사람. 수주에서 출하 및 입금까지를 규칙에 따라 하는 것. 또한 전화 처리(FAX, 메일) 등, 외부로 답신하는 것(견적서, 샘플, 납기 등)도 포함한다.
스태프	문제를 해결하고 새로운 규칙을 만들거나 신제품이나 신시장을 개발하는 조직 및 인원
O 문제	'O' 라는 사람만이 할 수 있는 일이기 때문에, 'O' 가 결근이나 퇴사하면 그 라인을 유지할 수 없는다는 문제
SS	정리(불필요한 물건을 폐기, Seiri) · 정돈(사용하기 쉽도록 배열, Seiton)하고 청소(Seiso)하여 청결(Seiketsu) 유지를 습관화(Shitsuke)한다. 이들의 머릿글자를 따서 '5S' 라고도 한다.

용 어	의미 · 정의
요품要品	필요한 물품. 검사에 합격한 제품 및 부품, 사용 중인 서류, 파일 등
불요품	버리는 것. 검사에 합격하지 못해 '특채特採'도 불가능한 제품 혹은 부품, 불필요해진 파일이나 서류 등
보류품	지금은 필요 없지만 언젠가 도움이 될지도 모른다고 생각해서 보관해 두는 제품, 부품, 파일, 서류 등
산포	모든 것에는 산포가 있기 마련이다. 산포의 요인에는 DNA 요인, 시간 요인, 환경 요인이 있다. • 본인 산포 – 같은 작업을 같은 사람이 한 경우의 산포 • 타인 편차 – 같은 작업인데 A씨와 B씨의 작업에 산포가 있는 것
반사 사진	'이렇게 보이기 때문에, 이런 도움이 되지요' 라고 알 수 있는 사진
상황 사진	설치 장소, 환경, 상황 등을 알 수 있는 사진
상품 사진	반사 사진이 아니라, '이렇게 생겼어요' 라고 알려 주는 사진
생데이터	공장에서 실제로 측정한 개인별 직접 시간
제시 가격	파는 쪽이 사는 쪽에 제안한 가격
거래 가격	사는 쪽이 수락해서 구입하는 가격
배려	관심을 가지고 주위에 두루 마음을 쓰며 확인하는 것
고미의 환경	자연, 동식물, 사람 및 그들의 상호 관계를 포함한 고미의 활동을 둘러싸고 있는 것
브랜드력	신용력×지명도

용 어	의미 · 정의
결함품	장래 사용 중에 문제를 일으킬 가능성이 있는 상품. 사용 환경 조건이 애매한 취급 설명서에서는 결함품이 될 수도 있다. 결함품을 알게 되는 경우는 1. 고미의 사원이 보고 직접 알게 되거나 유저로부터 알게 된 경우 2. 클레임으로 알게 된 경우 3. 설계 시 알게 된 경우 인지한 경우 시각화해서 결과를 도출할 것
넥스트 액션	거래나 약속을 한 후에 누가, 언제까지, 무엇을 할 것인가를 명확하게 해 두는 것
마일스톤	공정 관리나 품질 관리를 어떤 단계에서 무엇을 확인할까를 미리 설정하는 것
영업	숫자로써 마케팅별로 '카탈로그에 게재' 하거나 '설계에 채택되기' 까지 판매 촉진 활동을 하는 것. 그 활동을 위해 DM, 홍보, 광고, 전시회 등의 목표 계획, 결과 도출까지도 한다. 직접 사용자에게 판매하는 직접 영업과 카탈로그에 게재하는 간접 영업이 있다.
제작	기획 제작 및 정보 발신. DM, HP, 홍보, 판촉을 위한 자료 등 작성
US	유저(현장에서 거울을 사용하는 사람)로부터 직접 의견을 듣고, 판매 및 개선, 개발로 이어지게 하기 위한 정기적이고 계속적으로 정보를 모으는 시스템
마케팅보補	고객에게 고미의 공개 정보나 '고객 약속' 부분을 바로 골라내어 보낼 수 있는 것
세일 토크	고미를 잘 알리기 위한 세일즈 토크(프레젠테이션이라고도 한다)
질문	상품, 발신 정보, 상대를 아는 것
유저	유저는 '그곳의 직원' 과 '그곳에 내방한 고객' 의 두 종류로 나뉜다. 예를 들어 비행기에서는 객실 승무원과 탑승객, 엘리베이터에서는 건물 직원과 내방객 등

용 어	의미 · 정의
전략, 전술, 작전	일반적으로는 라이벌에게 이기기 위해서 '전戰'을 사용한다. 고미에서는 문제 발견, 결과 도출의 '프로젝트화'를 가리킨다.
3시 규칙	고객과 고미 사이의 출하일 약속. 1기종 3대 이하의 표준품인 경우에는 오후 3시까지 들어온 주문은 다음 영업일에 출하하는 것으로 한다.
목적과 목표	목적 — 대의명분적 의지, 꿈 목표 — 목적을 달성하기 위해 수치화된 것
품질 보증	'산포 없는 제품을 확보하기 위한 규칙을 만들고, 프로세스 관리에 기초하여 제조(운용)하기 때문에 틀림없습니다'라고 선언하고, 고객에게 충분한 신뢰감을 제공하는 시스템
변화, 처음, 오랜만에	'변화가 있을 때, 처음 나온 제품, 오랜만에 나온 제품'인 경우, 문제가 생기기 쉬우므로 규칙을 확인할 것
결품	완성된 제품이지만 있어야 할 부품이 들어가 있지 않은 것
합격품	검사에 합격한 것, 생산 매니지먼트적 표현으로는 '요품'이 된다.
재검사품	검사를 했지만 합격, 불합격 판단이 서지 않아 새로 검사하기로 한 것
특채품特採品	검사에 합격하지 못했지만 일부분을 떼어내어 다른 제품에 사용하거나 특별히 채택해서 폐기하지 않은 것
불합격품	검사에 합격하지 않고 '특채'도 되지 않은 것. 생산 매니지먼트적 표현으로는 '불요품'이 된다. 폐기해야 할 것
나쁨의 정도	품질 문제의 정도를 나타낸다. 치명적인 경우 '나쁨의 정도가 크다'고 한다.
나쁜 예	불량품의 현물 견본을 전시하여 불량을 보이도록 한 것
클레임	고객으로부터 들어온 클레임. 상품 클레임과 영업 클레임이 있다.

용어	의미 · 정의
컴플레인(불만)	고미가 고객에게 듣고 문제점을 알게 된 것. 통상적으로는 알아채기 어려운 문제
사내 트러블	제조 – 사내 불량(작업 흠집, 접착 불량, 재단 불량 등) 정보 – '단도리' (수주 – 계획 – 발주)로부터 보이는 문제
수주	고객과 시방, 수량, 금액, 출하일, 입금일을 약속하는 것
계획	사내, 외주에 관해서 라인의 일정을 계획표에 기입하는 것
시로 수(시로 표찰)	재고가 어느 정도까지 오면 발주가 필요하다는 것을 표시하는 수 (그 수에 붙여 놓는 표찰)
케이 수(케이 명찰)	안전 재고 수(그 수에 붙여 놓는 표찰)
시로케이 수	앞으로 조달 기간에 사용할 것으로 예상되는 수
브레스토 즈쿠리	브레인스토밍하면서 생산 시스템의 결과를 관계자 전원이 바로 도출해 보는 것
교학教學	고미의 교육 시스템의 기본. '교'는 가르치는 사람, '학'은 배우는 사람이라는 뜻. '교'에는 준비 시간이, '학'에는 복습 시간이 많은 것이 특징
통달	'이 목적으로 이렇게 결정했습니다.' 문제가 있으면 바로 대안을 제출하고 문제가 없으면 사인을 받는 것
내방객 시스템	고객을 접대하고 보내기까지의 흐름
주목 수주注目受注	장래로 이어질 가능성이 있는 수주(새로운 용도, 새로운 시장, 신상품, 일점 돌파 등)
세트야	조립 수에 대응하는 주요 부품을 모아서 작업자에게 공급하는 사람 (넓게는 작업을 준비하는 사람)

*용어집에서 주된 것을 발췌. 일부 표현은 수정했다.

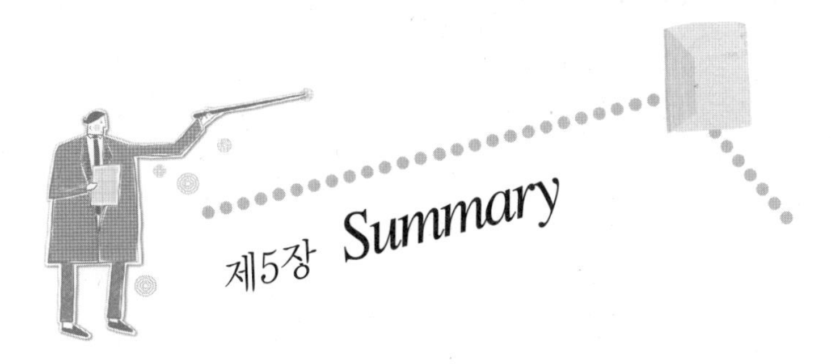

문제점을 정확하게 표현할 수 있는가?

➡ **'간략한 말' 이 보다 이해하기 쉽다**

같은 말을 다른 의미로 사용하고 있지는 않은가?

➡ **의사소통을 방해하기 때문에 용어의 정의를 규정한다**

업무의 내용이나 용어를 유연하게 수정하고 있는가?

➡ **환경이 바뀌면 용어를 '재정의' 한다**

고미야마 사장의 교훈 ⑦

항상 메모하라

커뮤니케이션의 기본은 상대방의 이야기를 이해하는 것이죠. 하지만 기억력에는 한계가 있기 때문에 회의 등 정보량이 많은 곳에서는 일단 메모를 하고 나중에 내용을 정리하면 완벽히 이해할 수 있습니다.

'메모를 하세요' 라고 하면 모두들 열심히 적습니다만, 가장 중요한 절차인 정리를 하지 않는 사람이 의외로 많습니다.
지시했던 것과는 전혀 다른 일을 하고 있는 사원에게 '아니, 왜 이렇게 되었지?' 라며 깜짝 놀란 적이 있습니다. 확인해 보면 제가 이야기했던 것을 제대로 적어 놓기는 했습니다. 그런데 메모만 해서는 의미가 없지요.

이야기한 본인조차 말하기가 무섭게 사소한 것들은 잊어버리는 경우도 적지 않기 때문에, 메모한 것을 모두 기억한다는 것도 솔직히 어렵습니다. 제가 말한 최종 목적을 함께 생각하는 사원 쪽이 역시 더 잘 통합니다.
그중에는 정리를 잘 하는 사원도 있습니다. 회의나 토론이 끝난 후에는 반드시 저를 찾아와서 "사장님이 말씀하신 것은 그러니까 이런 것이지요."라고 다시 확인을 합니다. 메모를 해 두기만 하는 것이 아니라 바로 정리를 하는 것입니다.

그 누가 상대방이 되더라도 '그러니까……, 이런 말씀인가요?' 라고 다시 확인한다면 자신도 상대방도 안심할 수 있습니다. 물론 유저의 신뢰도 두터워집니다.

'용어집' 을 만들어서 용어의 정의를 정리하고 있지만 그 정리에는 여전히 개인차가 있습니다. 그래서 정리의 힘을 향상시키기 위해서 제가 이야기한 내용을 어떻게 이해했는지, 며칠 후 확인하는 작업도 최근 시작했습니다. 사원이 정리하는 힘을 기르면 의뢰하는 쪽은 상당히 편해지죠. 여러 번 말하지 않아도 되니까요.

혼다 소이치로와 마쓰시타 고노스케松下 幸之助는 이런 점에서는 천재가 아니었을까요? 한 번 말하면 바로 알아듣고 사원들이 그대로 실천했다고 합니다. 그것은 경영자가 갖춰야 할 능력 중 하나라고 생각하는데요, 저는 도저히 따라갈 수가 없기에 사원들에게 정리하는 힘을 길러 주려는 것입니다.

고미야마 사장의 교훈 ⑧

말은 간략하게

자신이 무엇을 하려고 하는 것인지 업무의 방향성을 의식하고 일하는 것은 대단히 중요합니다. 최근에도 이런 일이 있었습니다.

한 사원이 회사의 전략 상품이 아닌 것을 열심히 팔고 있었습니다. 분명히 1년 전만 해도 매력적인 상품이라고 판단하고 전사적으로 그 상품에 주력하라고 선언했던 상품이었습니다. 하지만 얼마간 팔다 보니 '배려 거울'이라고 말하기도 그렇고, 생각했던 대로 특징을 어필할 수도 없어서 매출이 상당히 부진했습니다.

일단 출시는 했지만 고미의 정서와는 맞지 않는 상품인 것 같아서 조금씩 생산을 줄여나갈 상품으로 지정하고 당분간 판매를 자제하는 것에 모두들 합의했습니다. 그런데 그 사원은 변함없이 그 상품을 판매 대리점 카탈로그에 실릴 수 있도록 적극적으로 영업을 하고 있었던 것입니다. 한 번 카탈로그에 게재되면 향후 2년 동안은 상품을 제공해야만 하는 참으로 곤란한 지경에 이르기도 합니다.

그 사원은 고객과의 협상에 몹시 능했습니다. 하지만 카탈로그에 넣는 일에만 정신이 팔려 회사의 뜻에 맞는지 안 맞는지를 미처 신경 쓰지 못한 것이죠. 작은 조직에서도 이런 일은 일어날 수 있습니다.

이것을 방지하기 위해서는 어떻게 하면 좋을까요? 제가 사원들에게 권하고 있는 방법은, 앞으로 자신이 어떤 일을 해 나갈 것인지 간략하게 정리하라는 것입니다. '올해는 편의점과 홈 센터에 배려 거울을 팔자' 라든가, '이번 달에는 신상품 ○○의 매출 추이를 확인하자' 라는 식으로 말입니다. 너무 장황하게 쓰면 초점이 흐려지기 때문에 이 정도로 간결하게 정리해 두면 자신도 움직이기 쉽습니다.

이와는 별개로 '업무 보고 15' 라는 시간도 마련했습니다. 지금 자신이 어떤 일을 하고 있는지, 진행 상황을 사장인 저나 혹은 고문에게 매주 15분간 보고하는 것이죠.
사원이 16명이라서 그리 관리하기 어렵지 않습니다만, 개개인의 일이나 본인이 이것을 이렇게 하려고 한다에 관해서는 완전히 파악할 필요는 없습니다. 이런 점에서 생길 수 있는 문제를 없애려고 하는 것입니다.

시간이 지나도 소통된다

'스토리화' 로 추체험追體驗

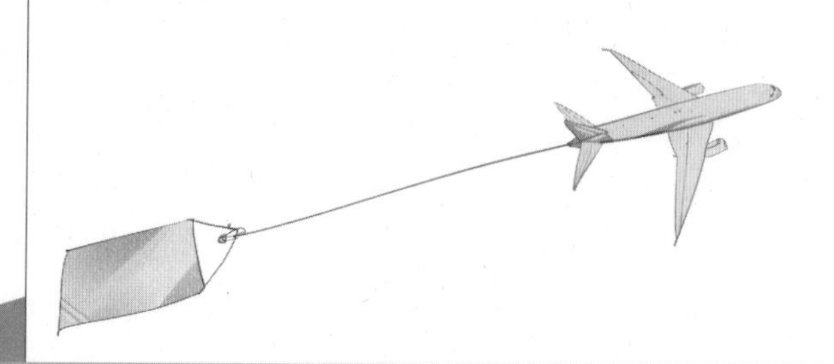

'왜'에서 시작해 '문제 발견', '대소동', '문자화'까지의 일련의 과정을 거치는 동안 직원들은 서로를 더욱 더 깊이 이해하게 된다. 그러나 단지 이것이 끝이 아니라는 것이 고미의 우수한 점이다. 회사의 대표적인 성공 사례, 실패 사례, 기타 등, 후대에까지 남기고 싶은 회사의 전환점 등을 '이야기'라고 하는 실례집에 정리해서 남긴다. 억지로 패러디한다면 NHK의 인기 프로그램 《그때 역사가 움직였다》*가 아니라 《그때 고미가 움직였다》이다.

---

*《그때 역사가 움직였다》: 일본 NHK에서 방송된 역사 정보 다큐 프로그램

프로세스를 스토리화해서 글로 남긴다

"문제를 해결하면 그 과정을 상세히 글로 남기도록 하고 있어요. 문제 발생에서 해결에 이르는 과정들을 알기 쉽게 시계열적으로 스토리를 정리해서 기록하는 겁니다. 그것을 전 사원들이 읽어 경험을 공유하고 있습니다. 작은 회사라도 담당자 본인이 아니면 알기 어려운 일이 많습니다. 문제의 제일선에 있던 사원이 무엇을 생각하고 어떻게 행동했는지, 그리고 그 결과가 어떻게 되었는지 등. 그 일련의 이야기야말로 최고의 교재가 아닐 수 없죠."

왜 문제가 생겼고 어떻게 그것을 깨달았는지, 또 어떻게 고민하고 해결했는지 등을 이야기화해서 기록함으로써 사원들은 여러 번 그 과정을 추체험하게 되고, 계속해서 새로 들어오는 신입 사원들에게도 전승할 수 있다. '이야기 시리즈' 를 전시실 중 가장 눈에 띄는 곳에 배치해 놓은 것만 봐도 알 수 있듯이 커뮤니케이션의 최종 단계로 꼽고 있는 것이다.

고미의 '이야기 시리즈' 는 2011년 2월 말 현재 23종. 최근 몇 년 사이에는 일년에 3종꼴로 늘었다. 이 중 최초의 기록은 '유럽 매장 출전기' 로, 1981년에 독일의 뒤셀도르프에서 열린 상품 전시회에 출전했을 때의 체험기다.

해외 전시회에 왜 출전하려 했는지, 도중에 어떤 문제가 일어났는지, 거기서 어떤 사람과 만나 문제를 어떻게 해결했는지, 결과적으로 얼마나 매출로 이어졌는지 등이 A4 용지로 11장에 걸쳐서 고미야마 사장이 상세하게 기록해 두고 있다.

이 이야기는 원래 《옥외 광고 업계지》에 기고한 기사가 기초가 되었다. "문장으로 정리했더니 어떤 목적으로 시작했고 결과는 어떻게 되었는지라는 과정이 알기 쉽게 눈에 들어왔어요. 게다가 그 문장을 사원들이 읽으면 체험을 공유할 수 있어 일거양득이죠." 이를 시작으로 고미야마 사장은 회사에서 일어난 큰 규모의 일들을 '이야기' 로 만들어 기록하기 시작했다.

처음에는 고미야마 사장이 혼자서 쓰다가 최근에는 직원들도 자신의 일을 주제로 이야기를 기록하기 시작했다. 사옥을 옮긴 당시의 경위를 정리한 〈신사옥 건축 이야기〉, 회사의 프리다이얼 번호를 어떻게 결정했는지를 기록한 〈'프리다이얼 고미 오리지널 미러' 이야기〉* 등 취급하는 테마도 광범위하다.

* 고미는 외우기 쉽도록 전화번호인 0120-531-073에 숫자 발음의 머릿소리를 따서 '프리다이얼 고미 오리지널 미러' 라는 재미있는 설명을 덧붙였다.

바로 이것! 고미의 5단 활용

왜?

사원용 '업무에 임하는 자세'의 제1조는 '로봇이 되지 마라'.
'무엇 때문에 하는 일인지 이해해라'라고 쓰여 있다.

문제 발견

습관화는 개선의 적. 항상 '왜?', '무엇 때문에?'라고 계속해서 의문을
가져야 개선해야 할 문제들이 눈에 들어온다.

대소동

발견한 문제는 성장을 위한 귀한 보물. 사소하게 보이더라도 방치하지
말고 전 사원에 큰소리로 알린다.

문자화

문제를 발견하면 반드시 눈에 보이는 형태로 결과를 도출한다.
용어의 정의를 확인하고 전원의 인식을 일치화한다.

스토리화

성공과 실패의 과정을 시간의 흐름에 따라
이야기로 기록함으로써 경험이 공유되어 지혜가 축적된다.

고미의 주요 이야기 시리즈

도난 문제 이야기	간판 업체인 고미가 어떻게 방범 거울 제조 업체가 되었는가
항공 업계 진출 이야기	항공기 수화물 보관함 거울로 세계 최고로 올라서기까지
청소와 분류 이야기	어수선했던 공장에 어떻게 정리 · 정돈 의식을 정착시켰는가
상품 전개와 새 로고 이야기	회사의 로고와 광고 문안을 수정할 때 어떤 아이디어가 나왔는가
'델' 로부터 배운 이야기	델의 공급망(supply chain) 매니지먼트로부터 무엇을 배우고 어떻게 실천했는가
ISO 단기 취득 이야기	ISO 9001을 소기업인 고미가 어떻게 단기간에 취득할 수 있었는가
'라미' 개발 이야기	'굿디자인' 상을 수상한 제품은 어떻게 탄생했는가
사명 및 로고 변경 이야기	로고를 왜 'Comy' 가 아니라 'Komy' 로 했는가
'프리다이얼 고미 오리지널 미러' 이야기	외우기 좋은 전화번호를 어떻게 취득했는가
신사옥 건축 이야기	시공 업자와의 절충, 사옥 이전에 의한 납기 지연 방지 등의 노하우
휠체어 인생 이야기	휠체어를 타는 장애인에게 안전 거울이 얼마나 중요한지를 깨닫기까지
《일본경제신문》 전면 광고 이야기	《일본경제신문》에 전면 광고를 게재한 목적과 그에 의한 반향
허풍선이의 사진 이야기	고미야마 사장이 에어버스 사장과 사진을 찍은 사연(이야기 번외편)

이야기는 홈페이지에도 게재되어 있다(http://www.komy.co.jp/story/).

일본과 서양의 정리·정돈 비교

일러스트나 사진을 효과적으로 사용하여 읽기 쉽게 편집하고 있지만 무엇보다 내용이 재미있다. 그 하나인 '청소와 분류 이야기'를 보자.

정리·정돈의 방법을 하나하나 개선해 나간 과정의 이야기지만, 읽어보면 '정리·정돈이 왜 중요한가'라는 근본적인 문제까지 진지하게 고민했다는 점을 알 수 있다.

청소 활동을 경영에 도입한 가기야마 히데사부로鍵山 秀三郎 옐로 하트 창업자의 저서를 읽고 고미야마 사장은 '청소는 일본적인 사고방식을 상징한다'고 분석한다. 청소를 통해 인간을 배려하는 마음이 생겨나고, 고객이 그것으로 기뻐한다면 좋겠다는 바람이 강해진다. 그 결과 고객으로부터 감사의 인사를 받게 되고 한층 더 청소에 힘을 기울이게 된다. 고미야마 사장은 이 흐름을 '마음의 문화'라고 한다.

한편 미국과 유럽에서는 '분류, 서류, 약속의 문화'가 기본이라고 한다. 규칙을 정하고 그것에 따라서 행동하고 평가한다. 품질 관리의 국제 표준인 ISO를 떠올리면 이해하기 쉬울 것이다.

일본식 청소와 미국·유럽식 분류는 둘 다 회사에는 중요하다는 것이 고미야마 사장의 생각이다. 공장이나 사무실 청소만이 아니라, 일의 진행 방법 등에서도 유럽·미국식 분류의 사고방식을 좀 더 채택해야 한다고 판단하고 있다.

또한 '브랜드 이야기' 에는 이전에 사용했던 '사각을 살리는 배려 거울' 이라는 캐치프레이즈를 침투시키는 과정이 그려져 있다.

"브랜드력을 향상시키기 위해서는 회사명과 광고 문구를 수천 번, 수만 번이라도 반복해야 한다고 생각한다. 과거에 '세콤' 이 회사명을 바꿨을 때, 그 사장은 '정착하는데 10년 이상이 걸릴 것이다' 라고 말하고 '세콤' 을 수도 없이 계속 반복해서 광고했다. 고미도 '사각을 살리는 배려 거울' 을 15여 년간 끊임없이 반복했지만, 어느 틈엔가 스스로가 지겨워서 쓰지 않게 되는 경우도 있었다. 이래서는 안 되겠다. 간단 명료한 말을 계속해서 반복하게 되면 브랜드력도 자연스레 향상될 것이다."

그 후 '사각에 배려' 라는 현재의 광고 문안에 이르기까지도 여러 우여곡절이 있었는데, 고미야마 사장은 그동안의 과정을 하나도 빠짐없이 기록하고 있다. 앞으로 고미의 브랜드에 대해 알고 싶은 사원에게는 이만큼 도움이 되는 자료는 어디에도 없을 것이다.

이야기의 기간은 다양하다.

예를 들면 '부품 위치 이야기' 에서 기록하고 있는 것은 약 3개월간의 사건이다. '왜 이렇게 비효율적인 일을 하고 있었는지' 라는 기업 체질의 문제를 발견한 후, 모두의 지혜를 모아 작업을 개선한 이야기이다. 한편, 제품에 관한 이야기 같으면 기승전결이 5년, 10년에 이르는 것도 적지 않다. ' 도난 문제 이야기' 같은 경우는 30년도 더 된 이야기가 기록되어 있고, 최신 정보를 증보하면서 제3판이 나온 상태이다.

글로 쓰게 되면 사고가 넓어진다

많은 회사에서는 한 프로젝트가 일단락되면 결과를 보고서로 정리하는데, 이것을 보다 상세하게 다룬 것이 고미의 '이야기' 라고 할 수 있다. '문제 발견' 에서 '결과 도출' 에 이르는 프로세스를 시계열적으로 되돌아보면 반성할 점이 부각되고, 장래에 유사한 문제가 생겼을 때 대처하는 데 참고로 하기 좋다. 단순히 '반성회' 등에서 이야기를 나눌 것이 아니라 글로 쓰는 것이 중요하다. 글로써 기록해야 머리가 정리되고 사고도 넓어지기 때문이다.

고미야마 사장은 말한다.

"전에 신입 사원에게 이야기를 쓰라고 했더니 빼먹은 것이 하도 많아서 벌컥 화를 내고 말았어요. '누구 때문에 잘 해냈는지가 빠졌잖아! A씨가 한 말과 B씨와의 만남을 기록해야지!' 등장 인물이 왕창 빠져 있었던 겁니다. 일이라는 것은 많은 사람들 덕분에 비로소 성립하는 겁니다. '이런 생각으로 상품을 만들었지만 이러한 벽이 있었고, 그것을 어떤 사람들과의 만남으로써 극복하고, 하지만 또 다른 벽에 부딪혀서 또 다른 누군가의 도움을 받았다' 등으로 표현해야 합니다.

이는 업무에만 국한되는 것이 아니라, 매사가 많은 사람들의 조언이나 만남으로 이루어집니다. 이러한 중요한 부분을 다루지 않고 아웃라인만을 훑은 빈 껍데기 같은 이야기는 의미고 뭐고 없습니다.

상품에 대한 이야기라면 어떻게 수요를 발견했는지, 누군가가 가르쳐 준 것이라면 왜 그 사람과 만났는지, 이야기를 작성할 때도 역시 고미는 '왜'가 포인트이다. "매일 일을 할 때에도 한 사람 한 사람이 이야기를 만들고 있다는 의식이 있다면, 지금 이야기하고 있는 이 사람과의 만남이 얼마나 소중한지를 깨닫게 됩니다. 이런 의식을 가지고 일을 하는가 아닌가에 상품 개발의 성공 여부가 달려 있다고 해도 과언이 아닙니다."

이것은 고미야마 사장 자신에게도 해당된다. 생각하는 것을 상당히 좋아하는 고미야마 사장이지만, 실무적인 작업이나 기업 간 이해가 얽혀 있는 협상 등에는 서툴기만 하다. 이 업무를 맡아 온 사람이 고야마 요시노리小山嘉德 전무이다. 예를 들어 항공기 제조 업체와의 거래에서는 안전성과 시방에 대해서 다방면에 걸친 상세적인 규격이 정해져 있다. 그러다 보니 거래 조건도 상당히 세밀한 부분까지 계약 문서에서 다룰 필요가 있었다. 고야마 전무는 이러한 협상의 중심을 담당했다. 고미야마 사장은 '항공 업계 진출 이야기'를 작성할 때, 고야마 전무의 기여도가 얼마나 큰지 새삼 느낄 수 있었다.

고미의 회사 개요에는 이렇게 쓰여 있다. '고미의 DNA는 만남의 기쁨, 창조의 기쁨, 신뢰의 기쁨이라고 생각합니다.' 이야기를 읽고 그때의 일들을 여러 번 추체험함으로써 전 직원이 고미의 DNA를 깊이 이해해 가는 것이다.

고미야마 사장은 조금 으스대면서 말한다. "예전 '마쓰시타松下 전기는 무엇을 만드는 회사입니까?' 라고 누가 물어보면 마쓰시타 고노스케 사장은 이렇게 대답했다고 합니다. '우리는 사람을 만드는 회사입니다' 라고. 저도 그것을 흉내내어 '고미는 무엇을 만드는 회사입니까?' 라고 누가 물으면 '우리는 이야기를 만드는 회사입니다' 라고 대답합니다."

'이야기' 는 회사에서만 공유하는 것이 아니다. 거래처나 거래 은행 또는 첫 대면한 사람들에게도 적극적으로 나눠 주고 있다. 고미 스스로는 올바르게 판단했거나 행동한 경우라도 제3자가 봤을 때는 다른 의견이 있을 수 있다. 그것을 지적 받기 위한 것이다. 또한 영업 도구가 되기도 한다. 유저 중시를 표방하는 고미의 기업 자세의 세세한 부분까지 '이야기 시리즈' 에 상세하게 나타나 있기 때문이다. 게다가 한 가지 목적이 더 있다. 고미야마 사장은 "후진들에게 길을 양보할 때 고미의 DNA가 이야기화되어 있다면 원활하게 이루어질 수 있기 때문입니다."라고 자신 있게 말한다.

'왜', '문제 발견', '대소동', '문자화', '스토리화'. 모든 일을 이 다섯 단계에 맞춰 진행시킨다. 이 끊임없는 노력으로 사원들은 서로 깊이 이해하게 되고 그 결과로 결집된 힘이 고미를 세계 유수의 기업으로 끌어올리고 있는 것이다.

다음 세 가지 이야기는 실제 이야기를 일부 편집해서 요약한 것이다.

청소와 분류 이야기

간판업을 하던 시절 정리·정돈 같은 것은 생각한 적도 없습니다만, 거울을 제조·판매하고 상품이 여러 종류로 많아지자 정리·정돈 없이는 일이 진행되지 않았습니다. 실수가 일어나기 쉽고, 그에 따른 손실도 커집니다.

실수가 일어날 때마다 '이번에야말로 제대로 정리·정돈해야지' 라고 새롭게 마음을 먹기도 했습니다만, 일단 그때를 넘기고 나면 의욕도 금방 사라지곤 했습니다.

임시 방편적인 방법이 아니라 철저하게 정리·정돈의 기본을 공부해야겠다고 결심했지요. 어떤 모임에서 몇몇 사장들이이 '정리·정돈을 하면 깨끗한 공장을 넘어서 수익이 올라가는 공장으로 바뀐다. 하지만 그러기까지는 10년이 걸린다' 고 호언장담을 했는데, 그 지적은 사실이었습니다.

정리가 안 되어 있다는 것은 첫째 놓아 두는 장소가 정해져 있지 않다는 것입니다. 그때는 장소를 바로 정하든지 아니면 의논해야 합니다. 둘째는 정해진 장소에 두지 않는다는 것입니다. 그 경우는 교육이 안 되어 있든지 규칙에 무리가 있는 경우라고 정의하고, 전 직원에 귀에 못이 박히도록 강조했습니다만 정리·정돈은 그리 간단히 몸에 배지 않더군요.

그래서 한 전문가로부터 정리·정돈을 집중적으로 배우기로 했습니다.

우선은 3개월이라는 기한을 두고 노력한 뒤 결과를 확인하기로 했습니다만, 수도 없이 지적을 받았습니다. '필요한 것인지 불필요한 것인지를 알 수 없는 것들이 여기저기에 널려 있다', '직각, 평행이 잡혀 있지 않다', '누구도 필요한 서류를 내놓지 못한다', '청소하는 날과 청소 규칙은 정해져 있으나 역할 분담이 불분명하다' 등.

하나하나 개선점을 검토하고 실행에 옮겼습니다.

그중에서도 효과가 가장 컸던 것이 '요품', '불요품', '보류품'의 분류입니다. 사무실과 공장에서 무언가 발견할 때마다 '이건 뭐지?, 누가 언제 어디에 쓰는 거지?'라며 사원들에게 꼬치꼬치 물은 결과로 세 가지로 분류할 수 있었죠.

- '요품'은 두는 장소를 정하고 '표찰'을 붙인다.
- '불요품'은 바로 폐기하든가 '불요품 표찰'을 붙여서 사무 처리 후 버린다
- '보류품'은 '보류품 표찰'을 붙여서 보류품 창고에 둔다. 일정 기간 후에 재분류한다.

회사의 모든 것은 이 세 가지로 정리할 수 있습니다. '분류'야말로 정리 · 정돈의 기본으로, '분류' 없이는 정리·정돈도 있을 수 없습니다. 게다가 두 가지나 네 가지로 분류하는 것보다 세 가지로 분류하는 것이 가장 좋겠다는 생각도 들었습니다.

이렇게 정리·정돈을 정의하다 보니 세 번째 정의가 떠오르지 않았습니다. '두는 장소가 정해져 있지 않다', '정한 장소에 두지 않는다', 그런데 마지막 '정리 · 정돈

무엇을 위해 청소를 하는지, 이야기는 거기까지 언급한다

일본의 정신, 서양의 기능 = 일본식 + 유럽 · 미국식

■**일본식 가기야마식 청소 경영**

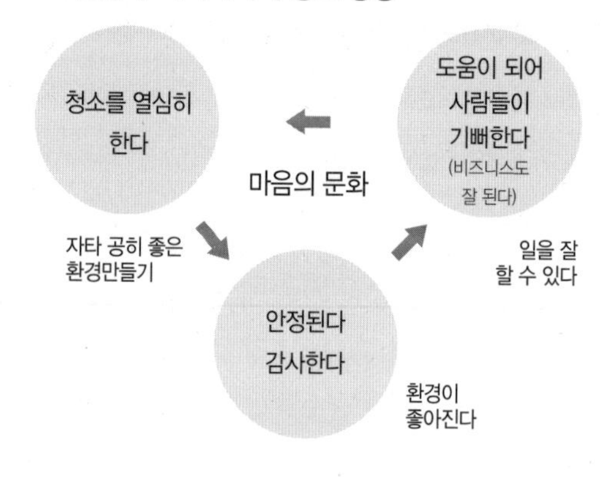

■**구미식**

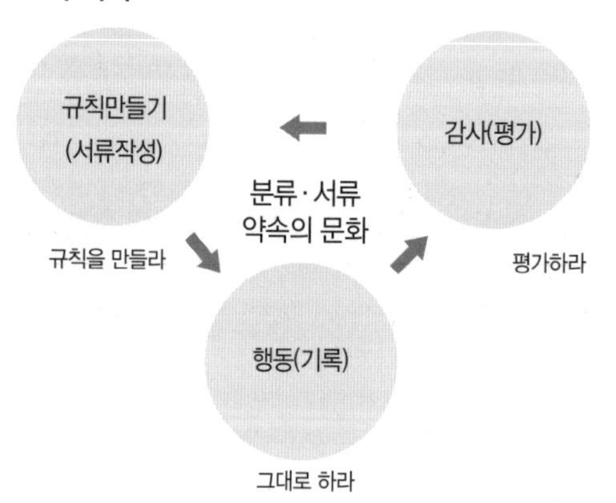

을 평가한다' 가 빠져 있었습니다. '규칙을 만든다', '규칙대로 실행한다', '이것을 평가한다' 와 같이 세 가지로 성립된다고 할 수 있습니다.

원래 저는 청소의 중요함 따위는 생각해 본 적도 없었습니다만, 정리 · 정돈에 힘을 기울이면서 얼마나 중요한 것을 놓치고 있었는지 깨달을 수 있었습니다. 그것을 가르쳐 준 사람이 가기야마 히데사부로 사장입니다.

도무지 생산성과는 관계없어 보이는 청소를 경영자 스스로가 솔선수범하면 보이지 않았던 것이 보이게 된다는 것입니다. 가기야마 사장 자신도 매일 아침 주위 청소를 하면서 회사를 발전시켰습니다. 처음에는 '도련님 같은 경영자도 있는 법이지' 라고 생각했으나 점차 그 행동이 옳다는 생각을 하게 되었지요.

청소를 할 수 있다는 것은 마음에 여유가 있다는 것입니다. 여유란 주위의 기분을 배려할 수 있는 마음의 여유를 가지고 있다는 뜻이죠. 최근에는 자신의 권리만 주장할 뿐 남에게 도움이 되는 일은 전혀 생각하지 않는 이기적인 인간이 많아졌다는 생각이 듭니다. 가령 회사 화장실의 수건이 더러워져 있을 때, 그 수건을 바꾸는 것은 자신의 일이 아니라며 그대로 놓아두는 경우가 많습니다.

하지만 만약 더럽다고 느꼈다면 그 사람이 바꾸든지, 아니면 깨끗이 빨아둔다면 다음 사람은 기분이 좋아질 것이고 화장실 청소를 담당하는 사람도 고마워하겠죠.

고작 화장실 수건 한 장이 회사 전체의 분위기를 좋은 방향으로 이끌고 사원들의 생각을 하나로 모으며, 회사 문화를 바꾸는 겁니다. 혹자는 '청소는 회사의 마음가짐' 이라고도 합니다. 사원의 마음가짐이 청소로 나타난다는 뜻이죠.

또한 주위를 배려하는 마음의 여유는 유저의 마음을 읽는 능력으로도 이어집니다. 자신의 일로 정신 없는 사람에게 유저가 기뻐하는 상품 제작이 가능할 리 만무합니다. '남을 기쁘게 하는 청소'야말로 비즈니스의 기초일지도 모릅니다.

이러한 일본 기업의 청소 문화도 세 가지로 분류하면 이해하기 쉽습니다. '늘 한결같이 청소한다' → '안정된다, 감사한다' → '도움이 되어 사람들이 기뻐한다'. 사람들이 기뻐하면 더욱 더 청소에 힘쓰게 되며, 이 세 가지의 사이클이 순환하기 시작하는 것입니다.

한편 미국이나 유럽식의 청소 문화는 어떤지 생각해 보았습니다. 극단적일지 모르겠습니다만, '규칙 정하기(청소의 지시)' → '행동한다(청소를 시킨다)' → '감사監査한다(확인한다)', 이런 사이클이라고 생각합니다. 일본인은 분류에 서툰 반면 미국이나 유럽의 경우는 ISO 표준을 보면 알 수 있듯이, 사장이 방침을 정하고 그것에 따르는 부하로서 제안하고 부하가 상사에게 사인을 받으면서 일을 진행합니다.

조직 운영에는 일본적인 것도 서양적인 것도 모두 필요합니다. 그리고 고미가 이상理想으로 생각하는 정리·정돈도 두 형태가 혼합된 '청소와 분류'입니다.

브랜드 이야기

고미는 예전 간판업과 회전 장치 제조 업체였습니다만, 두 장의 거울을 붙인 '회전 미럭스' 가 매장의 도난 방지에 도움이 된다고 소문이 나고부터 많이 팔리게 되었습니다. 그 후 움직이지 않는 거울을 원하는 고객들이 늘어나면서 고정식 거울도 만들게 되었고, 그것은 매장만이 아니라 공장이나 엘리베이터, 병원 등에도 팔려 나갔습니다.

여기서 하나의 문제가 생겼습니다. 홍보할 때 어떻게 표현하면 호소력이 있는지, 전화번호부에는 어느 분류에 들어가야 할지 판단이 서지 않았습니다.

일반적으로는 거울이라고 하면 유리 재질이고 자신의 모습을 보기 위해서 사용합니다. 그러나 고미의 거울은 아크릴 재질, 혹은 특수 플라스틱 재질로 만들어져 있어 방범용은 물론이거니와 안전 혹은 고객 서비스, 작업 효율 향상에도 사용되고 있습니다.

거울의 형상에 착안하여 '볼록 거울의 파이오니아' 라는 광고 문안을 사용한 적도 있었습니다만, 평면인데도 시야가 넓은 'FF 거울' 이라는 상품을 개발한 탓에 그것도 더 이상 쓸모가 없어졌습니다.

이때 '사각을 살린 배려 거울' 이라는 이름의 광고 문안을 생각해 낸 사람이 있었습니다. '참신하다' 고는 생각했습니다만 걱정되는 부분도 있었습니다. 아무리 그래도 '사死 자가 맨 앞에 오는 문구로 괜찮을지…….' 간판쟁이 시절에 한 글자의 크기가 42cm인 간판을 만들려고 했더니 "42cm는 좀 그러네요. 42cm 말고 32cm나 52cm로 하시지요."라고 딴지를 걸더군요. '42'는 '사십이'라고 읽기 때문에 '사死'를 연상시킨다는 겁니다.

광고 문안을 생각해 낸 장본인은 "이 거울의 목적은 배려입니다. '사死가 생生으로 바뀌기 때문에 좋은 것입니다"라고 자신만만하게 말했습니다. 그래서 광고 대행사에서 일한 적이 있는 지인에게 물어보자 '한 번 쓰게 되면 오랫동안 써야 한다'고 충고만 할 뿐 가타부타 말이 없었습니다. 대기업이라면 분명 사용하지 않았겠지만, 고미는 소기업이므로 과감히 채택했습니다.

결국, 이 광고 문안을 15여 년간 사용하게 되었습니다. 그러나 해외 고객들에게는 'Komy Mirror'로 통하고 있습니다. 항공기 수화물 보관함 거울 상품명은 'FF MIRROR AIR'이지만, '일본의 Komy라는 회사가 코믹한 것을 만들었다'고, 'Komy Mirror'라고 기억해 주었습니다.

이제부터는 항공기 이외의 분야에서도 해외에 본격적으로 진출할 계획입니다. 그래서 국내와 해외의 브랜드 통일 작업에 착수했습니다.

'사각을 살리는 배려 거울'과 'Komy Mirror'는 '거울'이란 말이 중복됩니다. 이때 '사死'라는 말을 없애기 위해 '시야가 넓어지면 배려가 살아난다'는 광고 문안을 생각해 냈습니다.

여러 사람들에게 물어봤더니 대부분이 좋다고 하더군요. 또 조금 새로운 기분도 들어서 특별한 문제만 없다면 이렇게 가야겠다고 생각했습니다. 그러나 사원들

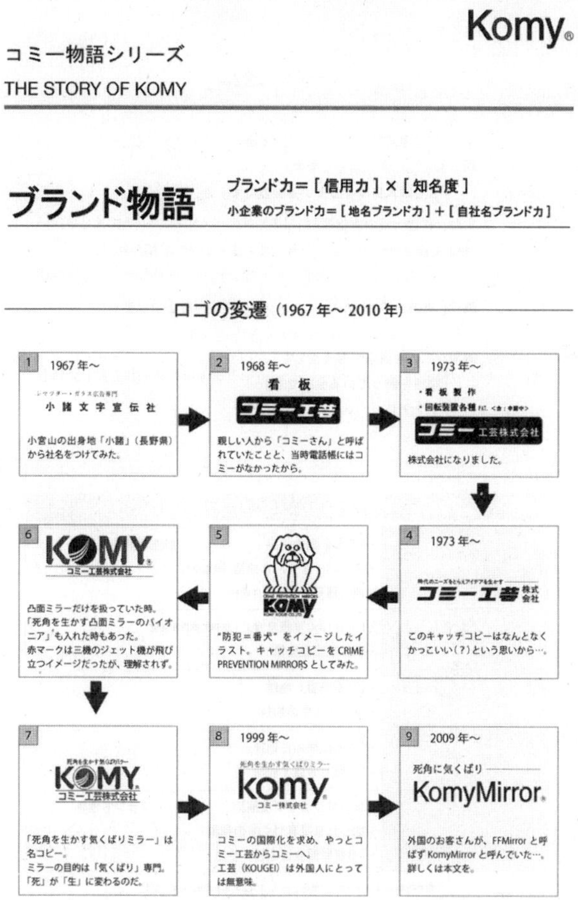

Komy®

コミー物語シリーズ

THE STORY OF KOMY

ブランド物語

ブランド力＝［信用力］×［知名度］

小企業のブランド力＝［地名ブランド力］＋［自社名ブランド力］

ロゴの変遷（1967年～2010年）

1 1967年～

小諸文字宣伝社

小宮山の出身地「小諸」（長野県）から社名をつけてみた。

2 1968年～

看板

コミー工芸

親しい人から「コミーさん」と呼ばれていたことと、当時電話帳にはコミーがなかったから。

3 1973年～

・看板製作

・回転装置各種

コミー工芸株式会社

株式会社になりました。

4 1973年～

コミー工芸株式会社

このキャッチコピーはなんとなくかっこいい（?）という思いから…。

5

CRIME PREVENTION MIRRORS

KOMY

"防犯＝番犬" をイメージしたイラスト。キャッチコピーをCRIME PREVENTION MIRRORSとしてみた。

6

KOMY®

コミー工芸株式会社

凸面ミラーだけを扱っていた時。

「死角を生かす凸面ミラーのパイオニア」も入れた時もあった。

赤マークは三機のジェット機が飛び立つイメージだったが、理解されず。

7

KOMY®

コミー工芸株式会社

「死角を生かす気くばりミラー」は名コピー。

ミラーの目的は「気くばり」専門。

「死」が「生」に変わるのだ。

8 1999年～

死角を生かす気くばりミラー

komy®

コミー株式会社

コミーの国際化を求め、やっとコミー工芸からコミーへ。

工芸（KOUGEI）は外国人にとっては無意味。

9 2009年～

死角に気くばり

KomyMirror®

外国のお客さんが、FFMirrorと呼ばずKomyMirrorと呼んでいた…。詳しくは本文を。

'브랜드 이야기'의 표지. 창업 이래의 로고 변천사를 한눈에 알 수 있다.

사이에서 '좀 이해하기 어렵다'는 의견이 나왔습니다. 고문과 사원들만으로 의견을 모아보자 이런 아이디어가 떠올랐습니다. '사각에 배려를'이라는 광고 문안. '바로 이거야!', 임팩트 있는 한 마디로 정확하게 거울의 특징을 표현하고 있는 겁니다. 이리하여 '사각에 배려를 Komy Mirror'로 안착하게 되었죠.

하지만 이 '배려'라는 단어를 영어로 번역하려고 들자 딱 맞아 떨어지는 단어를 찾기 어려웠습니다. 사전을 찾아보니 'Attention', 'Care', 'Consideration'이라는 단어가 나왔지만, 이 단어들로는 본래의 의미를 전달하기란 무리라는 생각이 들었습니다. 그래서 지금은 'the First in the World'라는 문구를 사용하고 있습니다.

하지만 '가이젠'(개선)이라는 단어는 이제 해외에서도 널리 통용되고 있습니다. 이와 같이 '기쿠바리'(배려)라는 단어가 세계 공통어로 사용되는 것, 이것이 고미의 꿈입니다. 일본인들은 자기 주장이 없다고들 합니다만 그것은 '배려'를 매우 중시하는 민족이기 때문이죠.

또한 고미는 수 년 전부터 경쟁이 없는 독특한 상품을 만들고 있다고 해서 TV 방송에서도 자주 다루어지고 있습니다만, 대부분 처음에 '가와구치 시에 있는 고미에서는……'이라고 소개를 합니다.

지명地名 브랜드력은 상당히 중요합니다. 항공기 업체 에어버스 사나 보잉 사와 같은 세계적인 대형 제조 업체가 고미의 상품을 채택해 준 것도 어떤 면에서는 일본인이 만든 'Made in Japan日製'이라는 지명 요인 덕분이 아닐까요.

'용어집'에서 정의 내린 것처럼 브랜드력이란 '신용력×지명도'입니다. 또한 최근 중소기업의 브랜드력은 '지명 브랜드력+사명 브랜드력'이라는 관점도 필요하다고 합니다.

해외용 상품에 사명을 표시할 때, 과거 고미는 도쿄의 고미에 있었기 때문에 'Tokyo Komy'라고 썼습니다. 'Tokyo'라는 브랜드는 굉장합니다. 우라야스에 위치하고 있지만 도쿄 디즈니랜드입니다. 하지만 앞으로는 'Tokyo' 브랜드를 사용하지 않고, 원래 지명인 '가와구치 시의 Komy 브랜드'를 어떻게 만들 것인가에 대해 고민할 것입니다.

《혼다 소이치로에게 가장 꾸중을 많이 들은 남자의 혼다 어록》이라는 책을 쓴 이와구라 신야岩倉 信彌 교수(다마多摩 미술대학 명예교수)에게 이것을 배웠습니다. '하마마쓰에 있던 혼다는 도쿄라는 세계적인 도시를 마다하고 굳이 사이타마 현의 와코 시로 공장을 옮긴 까닭은 근처 가와구치 시에 우수한 중소 제조 업체가 있었기 때문이다.'

'세계의 혼다 브랜드를 등에 업고 가와구치 브랜드를 널리 알릴 수 있지 않을까' 이런 생각에 고미의 영문 카탈로그의 주소란 옆에 이와구라 교수의 말을 영역한 문장을 그대로 넣었습니다. 하마마쓰, 도쿄, 와코, 가와구치의 지명을 넣은 일본 지도도 게재했습니다.

'가와구치 브랜드' 연구회를 발족시킬 수도 있지 않을까를 생각하고는 현지의 경영자를 비롯한 여러 사람들이 모여 가와구치의 역사와 특징을 연구하고 브랜드 메이킹에 노력하고 있습니다. 이것이 바로 세계 시장에서 활약하는 고미의 브랜드력을 위한 과제 중 하나라고 생각합니다.

《일본경제신문》 전면 광고 이야기

어느 날, 《일본경제신문》을 보고 있다가 '어, 저 회사가 전면 광고를 다 냈네!?' 하며 놀란 적이 있습니다.

거기에는 A가 사장인 회사가 만든 여행 가방 광고가 게재되어 있었습니다. 처음 A를 만났을 때는 시코쿠의 장갑을 생산하는 업체로, 여행 가방을 개발 중이었습니다. 저는 그때 그것이 설령 상품화된다 해도 제대로 팔릴 수 있는지를 우려했습니다.

신문을 보고 바로 A 사장에게 광고 효과에 대해 전화로 물어보니 '판매 루트를 개척하는데 상당한 효과를 봤다' 라는 것입니다. '굉장하다' 는 생각이 들었고, 저도 평생에 한 번 정도는 《일본경제신문》에 전면 광고를 실어보리라 마음속으로 굳게 다짐했습니다.

'배려 거울' 의 사용 방법을 알게 된 사람이면 모두 '아! 그렇군. 이거 괜찮군' 이라고 생각합니다. 그러나 지하철의 충돌 방지 거울과 같이 사용 방법에 대해 모르는 경우가 생각 이상으로 많았습니다. 우리의 전면 광고를 본다면 '아하. 그 거울은 이럴 때 쓰는구나!' 라며 많은 사람들이 알아 줄 것이 아닌가.

《일본경제신문》을 선택한 이유는 두 가지 있습니다. 하나는 《일본경제신문》의 브랜드력. 또 다른 하나는 독자층입니다. 경영자층의 약 50%가 그 신문을 읽고 있다고 하니 그 경영자층에게 '배려 거울'의 사용 방법이 알려지게 되면 향후 비즈니스로 이어지기 쉽다고 생각했던 것입니다.

예를 들면 항공사가 수화물 보관함 거울을 채택해 준 계기는 '거울이 있으면 수납장에 혹여 있을지 모르는 폭탄 탐지가 간편해질 것이고, 승객이 놓고 내린 물건을 체크하는 것도 쉬워질 것이다'라는 이유였습니다. 하지만 실제로는 그것만이 아니라 우리 승객들의 '분실물 체크가 쉬워진다'는 서비스 향상으로 이어지기 때문입니다. 이런 부분이 아직 항공사의 경영자에게는 알려지지 않은 만큼, 신문 광고를 보고 두 가지 효과가 있다는 것을 인식하게 된다면 더 많은 항공사들이 채택하게 될 것입니다.

그래서 한동안은 어떤 상품을 내세울지, 어떤 광고 문안을 붙여야 할지, 디자인은 어떻게 해야 할지 고민하며 나날을 보냈습니다. 그리고 드디어 전면 광고 날이 왔습니다.

당일 아침, 배달된 신문을 보고 '그래, 이건 무조건 돼! 효과는 확실해'라며 가슴이 벅찼습니다. 그리고 여느 때처럼 커피숍에 있었는데, 마침 《일본경제신문》을 한 페이지, 한 페이지, 정독을 하며 들여다 보고 있는 사람이 눈에 띄었습니다. 다른 사람들이 눈치 채지 못하도록 조심스레 그 사람의 움직임을 주시했지요. 드디어 고미 광고가 실린 페이지 차례가 되었습니다. 그런데 그 페이지는 보지 않고 그 다음 페이지로 넘어가는 것이었습니다. 이유를 물어보고 싶은 마

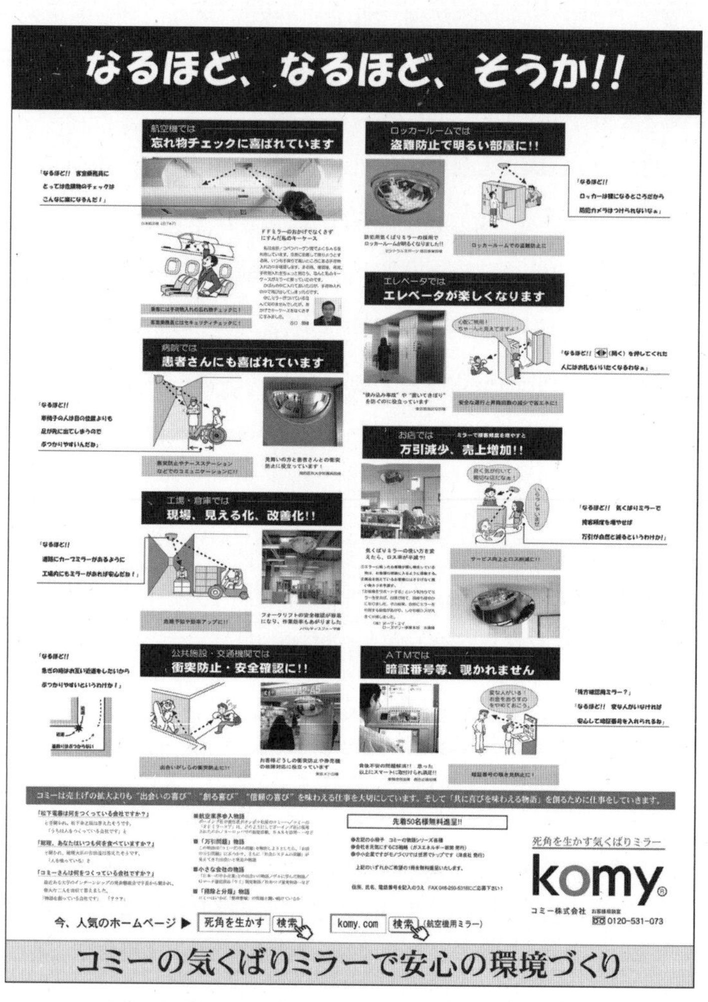

2007년 6월 20일자 《일본경제신문》에 실린 고미의 전면 광고

음은 굴뚝 같았지만 처음 보는 사람에게 그런 것을 물어보는 건 실례라는 생각이 들어서 그냥 커피숍에서 나왔습니다. 역시 그럴 것이 모든 사람들이 다 읽는 건 아니겠죠.

전반적으로 그 반향은 커서 회사에는 지인들의 전화와 제품에 대한 문의가 쇄도했습니다. '《일본경제신문》은 항상 대충대충 넘겨 보고 관심이 있는 부분만 골라서 읽는데, 고미의 광고가 가장 먼저 눈에 들어왔다. 광고가 예쁘다' 라며 호의적인 의견이 있는가 하면, '세일즈 포인트를 너무 많이 담고 있어서 금방 시선이 다른 데로 옮겨져 포인트를 찾을 수가 없다' 는 부정적인 의견도 있었습니다. '짠돌이' 성격을 발휘해서 빈 공간이 아까워 최대한 내용을 빼곡이 채웠던 거죠. 말하고 싶은 것이 많다고 해서 한 페이지에 넘치도록 집어넣은 것이 문제였습니다. 광고 전문가에게 상담을 하자 '하나도 빼놓고 싶지 않은 사장님의 마음은 충분히 이해한다. 하지만 문제는 무엇을 어떻게 뺄 것인가다. 직접 나서서 광고 내용을 만들지 않는 것이 좋다' 는 것이었습니다.

전면 광고를 냄으로써 유저들이 거울을 사용하는 데 무엇이 필요한지 그 방향성을 읽을 수 있었습니다. 광고에는 새로운 상품과 기업 브랜드를 널리 인지시키는 등 뛰어난 효과가 있습니다. 한편 현장에서 상품을 사용하는 경우에는, 개별 상품에 사용 방법을 표시하는 것이 좋을 것입니다. 예를 들면 여객기의 수하물 보관함 거울에는 '잊으신 물건이 없는지 확인해 주세요' 라고 표시하도록 하고 있습니다.

고미는 '배려 거울' 제조 업체로서 '상품을 만든다' → '현장에서 어떻게 쓰이고 있는지 묻는다' → '사용 방법을 사람들에게 알린다' → '상품이 자연스럽게 팔려 나가고 현장에 도움이 된다'는 사이클로 살아가는 회사입니다. 그렇기에 현장에 도움이 되지 않는 상품을 팔아서는 안 됩니다. 그리고 쓸모가 있다는 확신이 들면 큰 목소리로 외쳐야 합니다. 어떻게 하면 유저들에게 좀 더 이해시킬 수 있을지, 그 방법은 계속해서 고민해 나갈 작정입니다.

경험을 공유하는 시스템이 있는가?

➡ 프로세스를 공유하면 상호 이해가 쉬워진다

여러 번 추체험 할 수 있는 시스템이 있는가?

➡ 이야기하는 것뿐만 아니라 기록해서 남기는 것이 효과적

신입 사원은 조직의 문화에 쉽게 익숙해지는가?

➡ '이야기' 라면 쉽게 기억될 것이다

'시코후미*고シコ踏み語'

스모 선수는 강해지기 위해서 매일 두 다리를 번갈아 가며 힘차게 올렸다가 내려놓는 연습을 수없이 반복합니다. 이런 피나는 노력 끝에 열매가 맺어지는 것입니다.

회사에서도 중요한 것은 사원이 암기할 수 있을 때까지 경영자가 말해야 한다는 것입니다. 귀에 못이 박히도록 같은 것을 계속해서 말입니다.

저는 다음의 여섯 가지를 '시코후미고'라고 정하고, 조회 등에서 여러 번에 걸쳐 사원들에게 제창시키고 있습니다.

1. SS(정리 · 정돈) 시간을 최우선으로

공장 청소 외에 업무 정리도 포함합니다. 생산성 향상에 바로 도움이 되지 않을 것 같지만, 이 SS 시간이야말로 우선 되어야 합니다.

2. 변경을 결정했다면 바로 서류부터

동시 처리가 규칙이며, '나중에 서류로 정리해도 되지 않을까?'는 금물입니다.

---

* 시코후미란 스모 선수가 양 다리를 번갈아 가며 힘차게 땅을 구르는 모양을 말한다.

3. '제목' 과 '사인' 과 '날짜' 는 있는지?

'어디에 치웠지?', '이것은 못 들었는데', '어느 것이 더 오래 되었지?' 이런 혼란은 조직력을 떨어뜨립니다.

4. 문제 발견, 결과 도출. 이게 나의 업무입니다. 평가까지 받을 것

문제를 발견하면 분석하고, 개선하고, 실행하고, 마지막으로 평가를 받아야 합니다. 문제를 발견한 것은 좋지만 해결책을 내지 않은 채 유야무야 끝내는 경우가 꽤 많습니다. 결과를 도출하는 것을 잊어서는 안 됩니다.

5. 일점 돌파 전면 전개

작은 하나의 것을 우선 완성시킨다, 돌파구를 뚫었으면 그것과 관련된 분야로 전면적으로 넓혀 나간다. 이런 이미지를 의식하면서 업무를 하는 것입니다.

6. 후공정 필히 확인

자신 이외에는 모두 고객입니다. 한 사람 한 사람의 사원은 다른 사원들이 마치 협력 회사의 사장인 것처럼 대응해야 하며, 다른 사람들이 이해하기 쉽게 일을 해야 합니다.

브레스토 즈쿠리*

어떤 과제를 해결하고자 회의를 하다 보면 희망 사항만 늘어놓는 때가 있습니다. 하고 싶은 것, 만들고 싶은 것은 많은데, 뭔가 머릿속에서 복잡하게 뒤엉켜서 도대체 실마리를 찾을 수 없는 경우 말이죠.
조금이라도 그 자리에서 결과를 도출해 내기 위해서 한 달에 한 번, 주로 공장에 모여서, 자리에서 일어선 채 자유롭게 '브레스토 즈쿠리'라는 결과 중시의 회의를 열고 있습니다.

그 구성은 다양한 유형의 사람을 의도적으로 선택합니다.
바로 상품 제작을 하고 싶어하는 사람, 반대로 할 수 없는 이유만 대는 사람, 정보 수집에 능숙한 사람, SS(정리·정돈)를 잘 하는 사람…….
비슷한 사람끼리만 이야기하는 것보다는 이런 식이 더 재미있는 결과를 쉽게 도출할 수 있기 때문입니다.
평소 회의에서는 아이디어를 거의 내지 않던 사람도 실제로 손으로 뭔가 만들다 보면 하고 싶다는 의지가 생깁니다. 또 평소에는 별로 활약이 없던 사람도 화기애애한 분위기 때문인지 좋은 의견을 내기도 하고, 생각하지도 못한

---

* 브레스토 즈쿠리 : 브레인스토밍과 모노즈쿠리物作り(상품 제조)의 합성어

결과로 이어지는 경우도 있습니다.

포장용 상자를 어떻게 접어야 원형의 거울을 완벽하게 보호할 수 있을지 '브레스토' 회의를 한 적이 있습니다. 저 스스로도 그때까지 계속 고민을 하고 있었는데 아이디어가 떠오르지 않았습니다. 그런데 평소 때는 상당히 조용하던 한 사원이 실제로 포장 상자를 집어 들고 '이렇게 하면 되지 않을까요?' 라며 바로 그 자리에서 직접 접어서 보여주었는데 그것이 상당히 완성도 높은 결과로 이어진 적이 있습니다.

물론 한 번의 '브레스토 즈쿠리' 로 해결할 수 없는 과제도 많기 때문에 다음과 같이 여러 차례 모임을 가지고 있습니다.

> '여러 생각이 뒤죽박죽, 문제 발견, 새로운 아이디어' → '첫 번째 브레스토 즈쿠리' → '시험 제작' → '두 번째 브레스토 즈쿠리' → '시험 제작' → '실제로 사용하는 사람이 테스트' → '수정' → '결과 도출'

실제로 자유로운 자리에서 함께 생각하다 보면 본인도 몰랐던 능력이 발현되므로 매우 재미있습니다.

7장

'왜?' 라고 물으면

사람들은 왜 성장하는가

아토세키 미노루後関実, 경력 입사 4년차

내가 '고미인Komy人' 이 되기까지

극히 평범한 회사에서 고미로 전직해 온 35세의 사원.
처음에는 '왜' 가 난무하는 모습에 문화적 충격을 받았으나,
'고민하다' 의 중요성을 인식하고 '왜' 를 습득하기까지를 이야기한다.

대학 졸업 후에 진료소의 전자 진료 기록 시스템 등을 만드는 회사에서 8년간 근무했습니다. 일은 바쁘고 매일 막차를 타고 퇴근하는 나날의 연속이었습니다. 아이들과 지내는 시간을 더 갖고 싶어서, 집 근처인 가와구치에서 직장을 찾고 있었는데 구인求人 정보 사이트에 고미가 나와 있었습니다. 관심을 가지고 고미의 홈페이지를 살펴보던 중에 이 문장에 눈이 멈추었습니다.

'왜? 어째서? 라고 고민하는 사람을 찾고 있습니다'

당시는 항상 일에 쫓기는 느낌이었습니다. 단기적인 결과를 요구하는 회사가 아니라, 고미와 같이 진지하게 고민하는 시간을 가질 수 있는 회사에 몸을 담아야 자신의 능력을 높일 수 있지 않을까. 이런 생각으로 면접을 보게 되었습니다.

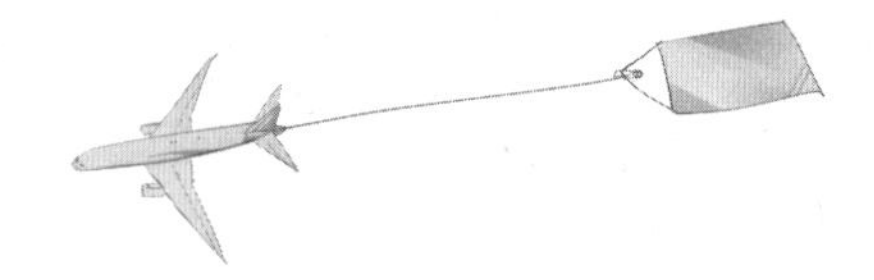

'왜'가 울려 퍼지는 직장

면접에서 어떤 질문과 대답이 오갔는지 지금도 또렷이 기억하고 있습니다. 첫인상으로 남는 것은 (고미야마)사장님께 이렇게 질문했을 때 일입니다. "만일 제가 입사하게 된다면, 3년 후, 5년 후에 기대되는 것은 무엇입니까?" 사장님은 "글쎄요……"라고 운을 뗀 후 "계속 고민하는 것입니다."라고 대답했습니다.

상당히 추상적이죠(웃음). 사장님은 말을 이어갔습니다. "만일 '사장이 하라고 지시했기 때문에 했습니다'라고 말한다면 나는 심하게 화를 낼 것입니다." 이 말을 듣고 '계속 고민한다'라는 말의 의미가 왠지 이해가 되었습니다.

2007년 8월, 저는 고미에 입사했습니다.

고미의 '고민한다'는 것은 나의 예상을 크게 벗어나는 것이었습니다.

'왜라고 고민하세요', '왜라고 말하는 습관을 들이세요' 등을 매일 있는 조회, 주례 외에도 사장님을 만날 때마다 귀가 닳도록 듣습니다. 또 "고객이 '작년에는 매출이 별로였어요'라고 한다면 지체하지 말고 바로 '왜 그렇습니까?'라고 물어라." 그런 방법으로 '왜'를 꺼내는 타이밍까지 지도를 받습니다.

전화 대응도 '왜'입니다.

'카탈로그를 보내 주세요'라는 주문이 있으면 그냥 '네'라고 안일하게 대응하는 것은 금물입니다. 그 사람은 '왜' 우리에게 힘들여 전화까지 한 것일까. 방범 문제로 고민 중인가, 안전면에서 어떤 문제점이 있나, 아니면 대리점으로서 물건을 팔고 싶은 것은 아닐까 등의 실제 상황을 생각하며 전화를 받지 않으면 바로 주의를 받습니다.

현장에서 일을 하고 있으면 주위 직원들이 수화기를 손에 들고 '왜 그렇습니까?', '어째서입니까?' 라고 질문하는 소리가 계속 들려옵니다.

또한 사장님은 손으로 쓰는 것을 좋아합니다만, 이것도 고민하기 위해서입니다. PC로 작성한 보고서를 가지고 가면 수기手記로 다시 작성해 오라고 합니다. 또 "여러 번 고민하고 여러 번 수정할 수 있도록 연필로 쓰세요."라고 합니다.

오른쪽에서 두 번째가 아토세키 씨. 입사한 당시 고미의 독특한 문화에 당황했다.

업무뿐만이 아닙니다. 일주일에 한 번, 공장은 아침 9시부터 30분간 청소 시간을 갖는데, 정말 30분이라는 시간이 필요한 것인지 사장님이 문제 제기를 한 적도 있었습니다. 어느 것도 정답이라 할 수 없으니 계속해서 바꿔 나가자는 것이었습니다.

그리고 점심식사는 근처 식당에 주문해서 회의실에서 함께 식사를 하는데, 어느 날 누군가가 먼저 그릇에 밥을 담고 있자 다음 사람이 그 뒤에 줄을 섰습니다. 그것을 본 사장님은 '효율이 떨어지는군. 왜지?' 라며 고민하기 시작했습니다. 다음날 벽 쪽에 놓이던 밥통이 방의 중앙으로 옮겨졌고, 밥주걱도 두 개로 늘어나 두 사람이 동시에 밥을 풀 수 있게 되었습니다.

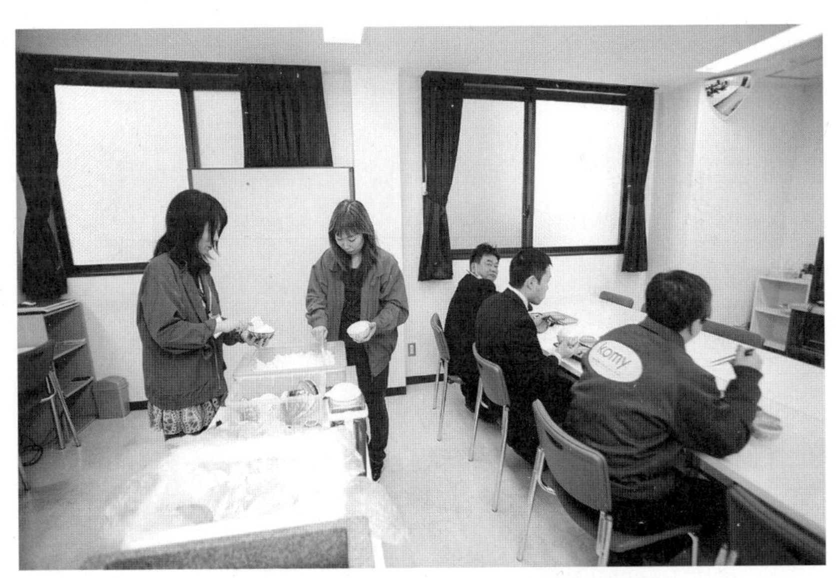

점심시간에 밥을 두 사람이 동시에 푸게 된 것도 '왜' 덕분이다

익숙해지기 전에 고민한다

3개월 연수 후에 저는 '단도리' 업무에 배치를 받았습니다. 이른바 생산 관리입니다. 고미에서는 수주에서 부품 발주, 생산 계획까지라는 세 가지 업무를 한 사람이 혼자서 할 수 있어야 하기 때문에 암기해야 할 것이 많습니다. 그런데 배우기가 무섭게 사장님은 "아토세키 씨, 이 방법에 대해 더 좋은 아이디어는 없을까?" 라며 물어왔습니다

'어?, 이 일은 배운지 얼마 되지 않아서 지금 또 바뀌면 좀 곤란합니다…' 라는 것이 솔직한 심정이었습니다. 게다가 업무가 손에 익지 않아 정해진 시간 내에 생산 계획을 제대로 세우지 못해 공장 사람들에게 민폐만 끼치고 있었습니다. 우선은 처음부터 끝까지 업무를 빠짐없이 암기하고 싶었습니다.

하지만 그때 사장님은 이렇게 말했습니다. "업무에 익숙해지기 전이야 말로 이해하기 어려운 부분을 의식하고 문제점을 말할 수 있다"는 겁니다. '전임자가 그렇게 했으니까 나도 그렇게 한다가 아니라, 왜 이런 규칙을 정한 것일까라는 문제 의식을 가지고 고민하면서 일을 익혀야 한다' 라고요.

실제로 그 당시 저는 일의 규칙을 하나 바꿨습니다.

고미에서는 공장에 있는 부품 재고에 두 가지 표찰을 사용합니다. '여기까지 부품이 줄어들었다면 추가 발주하라' 고 경고하는 하얀 표찰과, 발주를 했으나 납입하는데 시간이 걸려서 '곧 재고가 떨어집니다' 라고 경고하는 빨간 표찰입니다. 원래 전자를 '빨간 라인 표찰', 후자를 '경고 표찰' 이라고

불렀습니다. 제가 처음 배웠을 때는 흰색인데 왜 빨간 라인 표찰이라고 부르며, 게다가 또 다른 빨간색 표찰이 있다는 것이 이해하기 어려웠습니다.

하지만 사내에서는 아주 오래 전부터 그렇게 불렀고, '용어집' 에도 그렇게 게재되어 있었습니다. 그래서 그냥 방치한 채 신입 사원인 자신만 익히면 되니 잠자코 있었던 것입니다.

고미에는 주 1회, 직원 한 사람 한 사람이 사장과 15분간 이야기 하는 '업무 보고 15' 라는 자리가 있습니다. 지금 하고 있는 업무를 설명하고 그 진행 상황을 확인하는 것입니다.

며칠 후 그 자리에서 '뭔가 이해하기 어려운 일은 없었는가' 라는 질문을 받고는, 그때 그 고민이 생각 나서 부품 표찰 호칭 방법에 대해 말을 꺼냈던 겁니다.

아토세키 씨가 명명한 '시로 표찰, '케이 표찰'

'문제를 발견했다'

그러자 사장님은 "그런 것을 잠자코 있으면 어떡해!"라고 큰소리로 역정을 내셨습니다. 바로 다음날 조회에서 "아토세키 씨가 문제를 발견했습니다!"라고 사장님은 '대소동'을 일으켰습니다. 나는 왜 그 호칭이 의문스럽게 느꼈는지를 설명하고, 하얀 표찰을 '시로白 표찰', 빨간 표찰을 '케이* 표찰'로 바꿀 것을 제안했습니다.

속으로는 '정말 바꾸는 것이 옳을까' 하고 망설이기도 했습니다. 새로운 호칭에 익숙해질 때까지 둘 다 같이 쓰다 보면 모두에게 오히려 혼란만 가져오는 것은 아닐까라는 생각도 들었습니다. 하지만 고미에서 몇 십 년이나 일한 베테랑들도 이에 동의해 주었고 그 날부터 호칭이 바뀌게 되었습니다.

참으로 대단하다고 느꼈습니다. 신입 사원의 의견이 이렇게 간단하게 받아들여질 줄이야. 그때부터 얼마간은 조회나 주례 때 "아토세키 씨, 시로 표찰의 정의를 다시 한 번 설명해 주세요."라며 사장님은 직원들 앞에서 여러 차례 설명을 시켰습니다. 고작 열 번 정도로는 절대 기억할 수 없죠. 셀 수 없이 설명했습니다. 덕분에 지금은 사내에 완벽하게 정착했습니다.

고미에서는 뭔가 문제를 인식했음에도 불구하고 해결하지 않고 그대로 놓아 두는 것이 가장 나쁜 일이죠. 문제를 발견했다면 '대소동'을 일으켜 모두에게 알려야 합니다. 그런 방법으로 업무의 질을 향상시키고 보다 심

* 케이 : 경고(keikoku)의 일본어 발음의 머릿글자에서 따옴.

도 있는 커뮤니케이션을 가능하게 한다는 것을 이 경험을 통해서 잘 알 수 있었습니다.

'무소속의 시간' 을 실천

매일매일 사장님으로부터 '왜 그런가를 고민하라' 고 신물이 나도록 듣는데도 그리 쉽게 몸에 배이지는 않더군요. 그러나 역시 여러 번 반복하는 것은 반드시 필요하다고 생각합니다..

입사 1년 째부터는 자기 전이나 그 다음날 아침 일찍, 하루 중에서 발견한 '왜' 와 더불어, '오늘 진전된 일', '지킨 일', '지키지 못한 일', '기억해 두고 싶은 일' 을 기록해 두기로 했습니다.

회사에서 작업 일지도 쓰고는 있지만, 집에서 차분하게 생각을 정리해 보는 것이 더 좋을 것 같아서 사장님이 권유한 '무소속의 시간' 을 실천했습니다. 1년 정도 하루도 빠지지 않고 끈기 있게 계속했습니다.

또 '이야기 시리즈' 도 읽기 시작했습니다. 왜 그렇게 고민하고 행동했는지에 대한 '왜' 의 실제 사례가 그곳에 상세하게 쓰여 있기 때문이었습니다.

사장님은 '이야기의 목적은 무엇인가?' 에 대해 늘 묻습니다. 과거의 성공 사례, 실패 사례를 남겨 두지 않으면 바로 잊어버리게 됩니다. 과거로부터 배운 미래의 가능성을 생각하는 것입니다. 이렇게 생활하는 사이에 자신도 모르게 몸에 밴 듯, 한창 일을 하고 있는 사이에도 '아, 이것은 모두 이야기가 될 수 있겠구나' 라고 생각하는 경우가 많아졌습니다.

처음에는 잘 몰라서 일단락되지 않은 단계에서 "지금까지의 이야기를 만들어 보게."라고 사장님이 말하면, '아직 그럴 단계가 아닌데…' 라고 생각한 적도 있었습니다. 하지만 지금은 이야기를 만든다는 의식을 가지고, 혹은 실제로 이야기를 쓰면서 일을 하는 것이 얼마나 중요한 것인지를 이해할 수 있게 되었습니다.

그 후, '단도리' 에서 영업 담당으로 자리를 옮기고 나서도 영업 방법에 대해서도 전혀 아는 바가 없었습니다. 처음에 사장님이 다가와서 이렇게 이야기했습니다. "쓸모가 없다면 그것은 괜찮아요. 단지 쓸모가 없다는 이유를 파악하고 있으면 됩니다." 보통 회사에서는 이런 식으로 말하지 않죠.

동료가 같이 고민함으로써 서로에 대한 이해가 깊어진다.

영업은 단지 파는 것이 아닙니다. 고미의 사고방식을 잘 이해하지 못하면 고미의 영업 사원으로서 일할 수 없습니다.

'일점 돌파 전면 전개'를 실천

이렇게 한 걸음 한 걸음, 고미의 문화를 이해해 가다 보니 성과로도 이어졌습니다. 예를 들면 근처 상업 시설에 들어가 있는 (완구 팬시점) 키티랜드Kityland에 방문했을 때의 일입니다.

키티랜드에 영업해서 '슈퍼 오벌'(위 원추형 거울)을 설치했다. (촬영 협력: '키티랜드' 아리오 가와구치점)

'슈퍼 오벌' 이라는 경량의 거울을 천장에 붙이면 상품 진열장 뒤편에 손님이 있는지 없는지 볼 수 있으며, 접객이나 방범에 도움이 된다고 점장을 여러 번 설득한 끝에 천장에 붙여서 시험해 볼 수 있게 되었습니다.

그것을 계기로 키티랜드 본부에서 '다른 지역에도 방범 때문에 힘들어 하는 매장이 있어서 설치하고 싶다' 며 정식으로 주문을 넣었습니다.

'우선은 현장에서 시험을 해 보고 도움이 되는지 안 되는지 평가를 하고, 도움이 된다고 확인이 되면 계속 사용해 주세요.' 라고 안내하는 과정을 사내에서는 '일점 돌파 전면 전개' 라고 부르고 있습니다. 일하는 방법의 요점을 정리한 '시코후미어' 에도 실려 있습니다. 이 '일점 돌파 전면 전개' 를 머릿속에서 이미지화해서 우선 현장 사람들에게 도움이 된다는 것을 확인시켜야 한다는 생각을 가지고서 일한 것이 결과로 이어진 것입니다.

최근에 조금은 고민하는 습관이 생겼다는 생각이 듭니다. 하지만 사장님에 비교하면 아직 멀었습니다. 사장님은 금요일에 지시한 것을 월요일 아침에 "그거, 어떻게 되었지?"라며 묻습니다. 질문을 받았을 때 즉시 고민하지 않으면 그 속도를 따라갈 수 없습니다. 사장님은 끊임없이 계속 고민하는 사람입니다.

고인이 되신 평론가 야마모토 시치히라山本 七平는 저서《무소속의 시간》을 남겼다. 사람은 사회의 어딘가에 속하고, '지금' 이라는 시간에도 속해 있다. 그 때문에 자신의 입장에서만 사물을 보기도 하고, 시대의 흐름에 거슬러 다면적으로 생각하려고도 한다. 그러나 그렇게 해서는 새로운 발상을 얻을 수 없기 때문에 '무소속의 시간' 을 가지라고 하는 것인데, 아침 4시에 기상해서 2시간 정도 자신이 속해 있는 장소, 시간을 잊고, 차분하게 인생과 사회를 객관적으로 바라보면서 진지하게 사고思考하면 '과거, 현재, 미래' 가 잘 보이게 된다는 것이다.

고미야마 사장에 의하면 이 '과거, 현재, 미래' 라는 세 가지의 시공時空은 하나의 말로 이어지는데, 그것이 바로 '왜' 라는 것이다.

과거, 현재, 미래를 관통하다

과거로 생각을 내달려서 '왜 그렇게 되었을까?' 라고 생각해 보면 현재의 모습이 이해된다. 또 현재의 상황을 '왜 그렇게 되어 있는 것일까?' 라고 추궁해 보면 미래에 어떤 식으로 일이 진행될 것인지 떠오른다. '왜' 라고 물어보지 않으면 현재는 과거, 미래와 분단되어 사람은 현재에 대해서만 살아있는 찰나적刹那的인 존재가 되어 버린다. 그리고 '현재에만 살아있는 인간은 성장할 수 없다' 고 고미야마 사장은 확신하고 있다.

"도요타의 오노 다이이치 전 부사장은 '알고 있는 척 하지 마라, 왜를 반복하라' 고 하고, 혼다의 후지사와 다케오 전 부사장도 '성공의 힌트는 과거 실패의 진흙 속에 있다' 고 말했지요. 둘 다 참 좋은 말이네요." 오노 부사장도 후지사와 부사장도 과거와 현재와 미래를 '왜' 로 연결 짓고 있다.

이렇게 말하는 고미야마 사장 자신도 또한 지금까지 살펴본 것과 같이 '왜' 의 화신이다.

조회 시간에 1분에 한 번 간격으로 '왜' 라고 물으며, 사내 도처에 '?' 부호를 뿌리고 다닌다. 그리고 말할 것도 없이 '이야기' 라는 '과거, 현재, 미래' 를 '왜' 로 바로 연결 짓는 방법도 고안해 냈다.

'과거, 현재, 미래' 라는 조금 추상적인 개념을 사원에게 알기 쉽게 전달하기 위해서 고미야마 사장은 이런 도식을 이용하고 있다.

'?' → '!' → '감사' → '뜻志'

왜 태어났을까? 왜 만났을까? 왜?, 왜?, …….

일상에 대한 채워지지 않는 '물음(?)' 이 '깨달음(!)' 을 낳고, 그 발견은 필시 다른 사람이나 사회에 대한 '감사' 로 이어진다. 이렇게 사물을 진지하게 연구해야만 비로소 자신이 무엇을 해야 할지의 '뜻' 이 결정된다는 것이다. 이 사이클을 고미의 경영에 맞추게 되면 이렇게 된다.

? (왜, 이 유저는 구입해 준 것일까?)

! (그렇지! 그런 이유가 있었군.)

감사 (깨닫지 못하고 있었던 것을 가르쳐 줘서 고마워)

뜻 (사용자에게 좀 더 도움이 되는 상품을 만들자)

'왜' 라고 의문을 가질 때, 고미의 과거의 경험이 현재에 살아나고, 현재의 업무가 미래로 연계되어 간다. 모든 것은 '왜' 로부터 시작된다.

고미야마 사장의 권유로 고미의 사원들은 각자의 집에서 '무소속의 시간' 을 가지려고 노력하고 있다. 이렇게 전 사원이 사고 회로를 공유한다는 것도 놀라울 뿐이다.

'왜' 의 습관을 몸에 익히면 사원은 확실히 성장한다. '고미가 다른 기업과 가장 다른 점은 사원이 말을 많이 한다는 것' 이라고 고미의 고문을 맡고 있는 혼다의 전 간부가 말한다. 이 지적은 고미의 사원을 취재해 보면 바로 납득할 수 있다. 어느 사원이라도 하나를 물어보면 열을 대답해 준다. 이것은 경영자에게서 많이 볼 수 있는 타입으로 일반 사원들에게는 찾기 어려운 타입이다. 고미의 직원이 말을 잘 하는 이유, 그것은 고미야마 사장의 '왜' 에 있다.

말을 잘 하는 고미의 직원

그 고문은 설명한다.

"무엇을 하고 있는가?, 왜 그렇게 하고 있는가?, 다른 방법은 없는가? 등 고미야마 사장은 하루에도 몇 번씩이나 직원들에게 질문 공세를 퍼붓습니다. 이런 질문에 답하기 위해 고미의 직원들은 매일 아침 출근하면서

혼다 소이치로 사장도 '왜?'를 반복했다.

소이치로 : 일본인은 왜 후지산을 좋아하는 것일까?

직　　원 : 아름다워서가 아닐까요.

소이치로 : 어디가 어떻게 아름다운 건가?

직　　원 : …….

《디자인의 '모든 것'을 혼다에게 배우다》(이와쿠라 신야 지음)에서

'오늘, 사장이 이렇게 물어오면 뭐라고 설명해야 할까?'를 고민합니다. 아침 일찍부터 그런 것들을 고민하는 회사원은 그리 많지 않습니다. 그런데 고미의 직원들은 항상 생각하고 고민하고 있기 때문에 계속해서 말을 할 수 있게 됩니다. 그리고 말함으로써 머릿속을 정리하게 되고, 또 다른 고민을 하게 되는 것입니다."

이 고문의 말을 빌리면 고미야마 사장의 질문 공세는 혼다 소이치로 사장과 상당히 닮아 있다고 한다.

소이치로 사장은 매일 사원들을 붙들고는 기관총 같이 질문을 퍼부었다. 하마마쓰에 있는 마을 공장에 지나지 않던 혼다가 대기업인 도요타, 닛산과 어깨를 나란히 할 만큼 성장할 수 있었던 데는 소이치로 사장이 질문 공세로 '고민하는 직원'을 길러 소수 정예 집단을 만들어 냈기 때문이다.

소이치로 사장의 방법을 고미야마 사장이 단순히 흉내 낸 것은 아니겠지만 '일본인은 왜 후지산을 좋아하는가?'라는 질문을 해서 직원들을 곤란하게 한 혼다 소이치로 사장의 에피소드는 고미야마 사장이 가장 좋아하는 이야기이다.

매출에 집착하지 않는다

등산로를 표시하고 '여기서부터 오르시오' 라고 지시해서는 '고민하는 직원' 을 길러낼 수 없다. 조직의 리더는 직원이 '왜' 라고 물어보고 싶은 환경을 만들어 주기만 하면 된다. 고미야마 사장이 매출 확대에 집착하지 않는 것도 이런 이유에서이다.

회사 안내 브로슈어에서 앞면을 제외한 모든 페이지에는 '우리들은 매출 확대보다도 만남의 기쁨, 만드는 기쁨, 신뢰의 기쁨을 느낄 수 있는 일을 소중히 여기고 있습니다' 라고 빽빽이 쓰여 있다. 실제로 고미의 현재 매출액은 5억 엔으로 10년 전 보다 겨우 1억 엔 늘었을 뿐이다.

고미야마 사장에게 매출을 물어봐도 '글쎄……' 라며 뜸을 들이는 것은 평소 매출에 연연해 하지 않는다는 증거이다. 보통 사람들의 상식과는 다소 거리가 있을지도 모르겠지만, 매출을 쫓으면 '왜' 라고 고민할 여유가 없어진다고 해서 영업 사원에게도 실적 목표가 없다. 애당초 신규 고객보다도 기존 사용자를 소중히 여기는 것이 고미의 기업 문화이기에 신규 고객 개척이 잘 되지 않더라도 우선은 문제되지 않는다.

질문의 '수數와 질質'을 요구한다

고미야마 사장은 이렇게 이야기한다.

"해외 출장을 갈 때마다 매번 상품이 팔리는 것은 아닙니다. 그렇다고 해서 비용과 시간을 들여 여러 번 가는 것을 낭비라고 하는 것도 잘못된 생각입니다. 고객이 무엇을 생각하고 있는가를 알기 위해서는 역시 만나서 이야기하는 것이 중요합니다. 그래서 더욱 질문하는 능력이 필요합니다. 한 시간의 면담 중 다섯 가지 질문만 가능한지, 아니면 스무 가지 질문까지 할 수 있는지. 그리고 고객의 이야기를 이끌어 내는 정확한 질문이 가능한지 아닌지. 결국 질문하면서 어디까지 상대의 입장에 근접할 수 있는가가 관건입니다."

유저에게 '왜'라고 질문하고 회사 내에서도 '왜'라고 묻는다. 이 '왜'를 통해서 한 사람 한 사람의 직원이 성장하고 보다 깊은 차원의 커뮤니케이션을 달성하는 것, 이것이야말로 고미의 실체이다.

이러한 강력한 조직을 만드는 노력을 계속 이어 나간다면 제아무리 세상이 바뀌어도 생존할 수 있다고 한다. 고미야마 사장은 회사의 홈페이지에 이렇게 쓰고 있다.

이야기에 끝은 없다

"이 세상에 있는 모든 것에는 각기 이야기가 존재합니다. 지금 여기에 맛있는 사과가 있다고 하면 그 이면에는 반드시 많은 사연의 이야기가 존재합니다."

'사과 농원에서 소비자까지의 유통 이야기'

'더위와 추위, 비바람과 태풍을 극복하고 맛있는 사과가 열린 이야기'

'토지의 환경에 적합한 씨앗을 뿌리고 첫 사과가 열매를 맺기까지의 이야기'

'맛있는 사과 재배를 위한 사과 교배 이야기'

'아담과 이브의 사과 이야기'

이렇게 이야기는 끝도 없이 이어집니다. 예를 들어 농부의 뜨거운 정성으로 결실을 맺은 탐실한 사과들이 가을의 태풍으로 하나도 남김 없이 떨어졌다 해도 이야기는 끝나지 않습니다. 더 나아가 사과나무가 쓰러졌다 해도, 그 나무는 대지로 돌아가 땅으로부터의 이야기가 다시 시작되는 것입니다.

시간이 거듭되는 가운데 모든 것은 반드시 환경과 함께 변화합니다. 우리들이 우리들이기 위해 우리들을 저 밑에서 움직이게 하는 그 무언가는 바로 DNA가 아닐까요?

고미는 하나하나 일이 끝날 때마다 가능한 한 사실을 기록하고, '왜 잘 되었는지' 혹은 '왜 잘 안 되었는지'를 함께 모여 진지하게 대화를 나누고 있습니다. 그렇게 해서 고미의 DNA를 이해하고 그에 적합한 환경을 선택할 수 있지 않았나 하는 생각이 듭니다."

과정이야말로 인간의 기쁨

'만물이 유전하는 이 세계에 목표는 없고, 있는 것은 과정뿐' 이라는 것이 고미야마 사장의 사상에 깔려 있는 철학이다. 따라서 고미의 조직도 과정에 중점을 두고 있다. 항상 정체되어 있는 전 사원들에게 '왜' 라는 질문을 반복함으로써 서로의 이해를 돈독히 하면서 나아가야 할 방향을 결정해 왔다. 거북이 같이 느리지만 그렇게 함으로써 작은 조직은 끝 없는 이야기를 만들어 내고 있다.

고미의 '사원의 마음가짐' 에는 이렇게 쓰여 있다.

'좋은 결과가 나왔다고 해서 바로 의기양양해지거나, 나쁜 결과가 나왔다고 해서 바로 절망해서는 안 된다. 결과는 어디까지나 반성의 계기로 삼아야 하며 다음 계획, 행동의 한 단계일 뿐이다. 깊이 고민하고 또 계속해서 논의를 거듭하다 보면 다른 사람에게는 보이지 않는 무언가가 보이기 시작할 것이고, 자연스레 다음 일을 하고 싶어질 것이다. 그 과정이 일의 기쁨이라고 할 수 있다.'

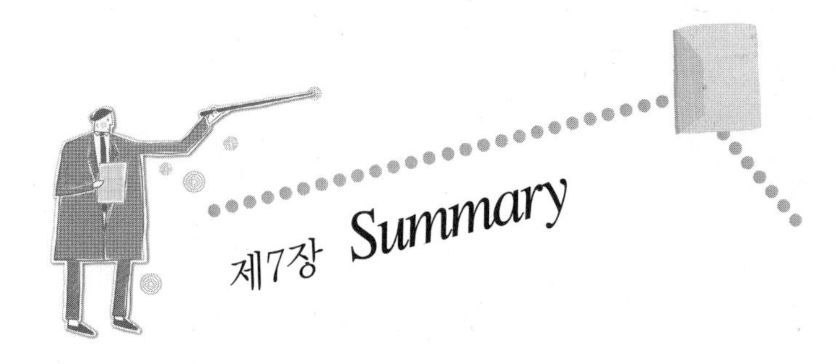

사원들은 '고민하는 것'이 몸에 배어 있는가?

➡ '왜'를 계속하면 자연스럽게 고민하게 된다

사물을 객관적으로 파악하고 있는가?

➡ '왜'라고 물으면 과거, 현재, 미래가 이어진다

결과의 좋고 나쁨에 관계없이 반성하고 있는가?

➡ '왜'라고 묻는 과정이야말로 일의 기쁨이다

끝맺으며

나에게는 보물과 같은 책들이 있다.

아버지께서 돌아가신 후에, 아버지의 친구 분이 어머니께 물어서 아버지에 대한 모든 것들을 정리해 책으로 만들어 주셨다. 그 후에 어머니께서 돌아가셨는데 우리 4형제는 몹시 비통했으나 어머니의 추억담을 엮은 책을 만들면서 마음의 안정을 되찾을 수 있었다.

다시 읽어봐도 네 자식의 미래를 위해 어머니가 가진 모든 에너지를 쏟아 부으셨다는 사실에 지금도 눈물이 난다. 예를 들어 네 명의 형제 각각의 성격에 맞는 배우자를 찾아 주시거나 내 일을 도와 줄 비서를 찾아 주시기까지 했다. 또한 어머니는 매일 형제들을 위해 기도해 주셨는데, 이것은 '현재에 대한 감사와 미래에 대한 희망' 이었다.

친한 벗이 갑자기 죽음을 맞이한 적이 있다. 그때는 그의 딸들과 함께 한 권의 책으로 묶었는데 그것으로 머릿속을 정리할 수 있었다. 그는 '다른 사람의 이야기를 재미있게 들어주는 성격' 이었기 때문에 내가 실업자였을 때도 그를 만나면 나의 뇌가 활성화되었던 것을 기억하고 있다. 이러한 책들은 모두 수십 부에서 많아야 2백 부 정도 자비로 출판되었지만, 나에게는 '귀중한 재산' 이며 자손들에게 남기고 싶은 가보家寶와도 같은 것이다.

이번에 '닛케이 톱리더' 가 고미의 현장을 상세히 취재해서 과거로부터 현재에 이르기까지 고미의 역사를 한 권의 책으로 만들어 주신 것은, 재산이 늘어난 것일 뿐만 아니라 이제부터 더욱 더 다양한 사람과의 만남이 시작될 것이며, 이에 깊이 감사한다.

나는 대학을 졸업한 후, 기술자 붐을 타고 별 어려움 없이 샐러리맨이 되었지만 상당한 콤플렉스에 시달렸다. '보고서를 못 쓴다', '도면을 못 그린다', '말을 못한다' 등, 정확히 말해서 할 수 있는 일이 하나도 없었다고 해도 과언이 아니다. 윗사람은 더 이상 내게는 일을 시키지 않고 내 후배에게 일을 주게 되었다. 그렇게 되자 주위 사람들로부터 '왕따' 당하는 것 같았다. 맡은 일은 싫었지만 최선을 다해 결점을 숨기려고 했는데 그것이 더욱 힘들었다. 결국 '여기는 아니다, 그만두자' 고 과감히 사표를 냈다. '탈脫샐러리맨' 이 아니라 '낙제 샐러리맨' 인 셈이었다.

그 후 시행 착오만 거듭하다가 간판업으로 밥을 먹게 되리라고는 상상도 못했다. 또 어설프기는 했지만 과거에 엔지니어였던 경험을 살려 회전 간판을 만들었으며, 이후 회전 거울을 개발하여 거울업에 종사하게 되었다. 거울업으로 방범, 안전, 서비스, 더 나아가 항공기의 승객이나 객실 승무원에게 도움이 되는 일을 하게 되리라고는 꿈도 꾸지 못했다. 인생 낙오자였던 나에게 현재는 너무도 과분하다.

어느 날 문득 이유를 깨달았다.

잘난 체하기 보다는 '이것은 전혀 모르는 부분이라서…' 라며 본심을 말하고 — 스스로 알려고 노력도 하지만— 주위의 힘을 빌렸었는데 이때 많은 분들이 도와주셨다. 덕분에 좋은 친구, 동료, 거래처를 얻을 수 있었다. 또 매일 스트레스 없이 일을 즐길 수 있게 해 준 아내와 비서가 큰 힘이 되었다.

내가 가장 자신 있는 부분은 숫자에 의한 경쟁보다는, 서로 지혜를 모으고 사회와 다음 세대에게 도움이 되는 일을 고민하면서 현 제품을 개선하고 새로운 상품을 개발하는 것이다. 물론 먹느냐, 먹히느냐의 약육강식적인 대기업이 들어오지 않는 분야이기 때문에 가능한 것일 수도 있다. 내 자신이 심각한 콤플렉스의 소유자인 것처럼, 고미의 전 사원이 '순수함', '배움의 중요성', '공존공영' 이 몸에 배여 있긴 하지만 가장 깨닫기 어려운 것이 자기 자신의 모습이다. 우리 직원들이 사장에게 조금이라도 부족한 부분이 있다면 충고해 주시기 바란다.

최근 일본에는 암울한 뉴스가 흘러넘친다. 과거에 경제대국으로 불리던 일본은 다른 국가들에 이미 추월 당했을 뿐만 아니라, 국제 사회의 부채 등 각종 나쁜 기록을 갱신 중이다. 일본의 미래를 내다보고, 전략을 짜고, 일본을 움직여 나가야 할 총리는 선출된 지 몇 개월이 지나지 않아 언론의 뭇매질로 매년 교체되고 있다. 국제화 시대에 걸맞게 국제회의 등에 나가서 자신을 어필해야 하는 총리나 장관은 항상 젊지 않은 '새로운 인물' 이다.

또 외국에 나가 도전하고 싶다는 젊은이가 다른 국가에 비해 현격히줄었다고 한다. 그럼 과거 종적縱的인 사회에서 경제 전쟁을 승리로 이끌어 온 샐러리맨 시대의 우리는 어떤가. 많은 사람들이 자학적으로 '우리 세대는 시대를 잘 만나 무위도식했지만, 지금의 젊은이들은 불쌍해. 아무리 일해도 희망이 없으니……' 라며 하루 종일 골프에 매달리고 있다. 나는 이런 사람들에게 '무위도식 그만 하고 일본을 건강하게 만드는 사회 활동을 하라' 고 말하고 싶다.

나는 매일 아침, 산책을 한 후에 여유롭게 커피를 마시며 책을 읽거나 사물의 본질을 생각하는 '무소속의 시간' 을 가지고 있는데, 참으로 이 시간이 소중한 순간이다. 예를 들어 이 시간에 어제 현장에서 있었던 일이나 고미의 본질적인 나쁜 습관 들을 머릿속에 떠올린다고 하자. 그렇게 되면 '이대로는 안 되겠다!' 라고 생각하게 될 것이고 그날 조회 때부터 사원들에게 '왜', '왜', '왜' 라며 원인을 추궁하고 본질적으로 습관이 바뀔 때까지 다그칠 것이다. 이것은 매일 일어나는 회사의 단기적 문제지만, '모노즈쿠리(제조)' 업의 장기적 문제는 실로 어마어마하다.

일본의 중소기업인 '모노즈쿠리' 업은 심각한 문제를 안고 있다. 설비는 있는데 중국 등의 다른 국가에 밀려 일이 없는 경우가 허다하다. 이것을 정부나 지방 정부에 의지하려고 하는 경우도 있지만, 적어도 한 기업의 경영자라면 자신에게 의지하되 남에게 의지해서는 안 된다. 그렇기 때문에 무엇을 취하고, 무엇을 버릴지 자나깨나 고민하고 행동해야 한다.

고미의 경우, 브랜드력은 어느 정도 있기 때문에 올해는 '절대 지지 않는 모노즈쿠리' 에 도전하기로 했다. 이를 위해서는 구체적으로 어떤 문제를 해결해야 할까. 우선 '문제를 가시화하자' 고 목표를 내걸었다. 그제야 문제가 보이기 시작했다. 현재 누가 언제까지 어떤 방법으로 해야 하는지를 명확히 하고, 그 완성을 위해서 모든 사람들과 의논하면서 추진하고 있다.

다음의 문장은 1926년, 우치무라 간조內村 鑑三가 호시노 온천의 젊은 주인인 호시노 가즈케星野 嘉助(당시 21세)에게 적어 준 것이다. 나는 고민이 생기면 항상 이것을 다시 펴 본다.

성공 비결(66세의 우치무라 간조)

- 자신에게 의지하되 남에게 의지하지 마라.
- 근본을 확고히 세워라. 그리하면 사업은 스스로 발전할 것이다.
- 서두르지 말고 되도록 천천히 행동하라.
- 성공 위주의 미국주의가 아니라, 성실을 중시한 일본주의를 따르라.
- 낭비는 죄악임을 기억하라.
- 하늘의 뜻을 겸허히 듣되, 스스로 운명을 만들려고 욕심부리지 마라.
- 고용인은 형제와 같이 대하고, 고객은 가족과 같이 대하라.
- 성실을 통해서 얻어진 신용은 최대의 재산임을 알라.
- 청결, 정돈, 견실을 기둥으로 삼아라.
- 전 세계를 얻는다 해도 그 정신을 잃어서는 아무런 이득도 없다. 인생의 목적은 금전을 얻는 것이 아니라, 품성을 완성하는 데 있다.

세계는 지금, 지구 온난화와 자원 고갈 등의 커다란 문제에 직면해 있다. 이러한 상황에서의 일본은 우치무라 간조의 깊은 사상을 널리 알려서 일본의 독자적인 생존의 길을 모색해야 하지 않을까.

고미 사장 고미야마 사카에